D1665559

Ost und West
1947-1949
Bibliographie einer Zeitschrift

Veröffentlichung
der Akademie der Künste zu Berlin

Ost und West
Berlin
1947-1949

Bibliographie einer Zeitschrift

Bearbeitet von
Ewald Birr

Mit einer Vorbemerkung von
Barbara Voigt

K · G · Saur
München · New Providence · London · Paris
1993

Analytische Bibliographien
deutschsprachiger literarischer Zeitschriften

Begründet von Gerhard Seidel
Redaktion: Barbara Voigt

Zitiertitel: ABdIZ 14

Die Deutsche Bibliothek – CIP-Einheitsaufnahme

Birr, Ewald:
Ost und West : Berlin, 1947-1949 ; Bibliographie einer Zeitschrift /
bearb. von Ewald Birr. Mit einem Vorw. von Barbara Voigt. – München ;
New Providence ; London ; Paris : Saur, 1993
   (Analytische Bibliographien deutschsprachiger literarischer Zeitschriften ; 14)
   (Veröffentlichung der Akademie der Künste zu Berlin)
   ISBN 3-598-11141-X
NE: HST; 1. GT

∞
Gedruckt auf säurefreiem Papier

Satz: Textservice Zink, 6901 Heiligkreuzsteinach
Druck: Strauss-Offsetdruck, 6902 Hirschberg 2

ISBN 3-598-11141-X

Vorbemerkung

Im Dezember 1946 kam Alfred Kantorowicz, siebenundvierzigjährig, aus dem Exil in den USA zurück nach Deutschland. Sein Ziel, seine Heimatstadt Berlin, erreichte er im Januar 1947. Hier begann er sofort, eine Idee zu verwirklichen, die er aus den USA mitgebracht hatte: Er gründete eine Zeitschrift, die sich auf kulturellem, besonders literarischem Gebiet dem „Brückenschlag zwischen Ost und West" widmete. Sie sollte von allen vier Besatzungsmächten lizenziert sein, unabhängig und unparteiisch die deutschen Leser mit der deutschen und internationalen zeitgenössischen Literatur, mit der deutschen Exilliteratur und den kulturellen Traditionen, die durch den Nationalsozialismus unterbrochen worden waren, bekannt machen.

Das erwies sich schon im ersten Anlauf als Illusion. Die amerikanische Lizenz, die Kantorowicz am 12. Februar 1947 beantragte, wurde nicht erteilt. In der Rückschau erscheint das auch erklärlich. Das Schreiben an das Office of the Director of Information Control, OMGUS [Office of Military Government, US] APO 742 US Army, Mr. Eggleston, Press Branch, beginnt mit einer Beschreibung der Lage: Unter Menschen guten Willens in den vier Besatzungszonen sei man sich darüber einig, daß Deutschland, statt der Zankapfel unter den Alliierten zu sein, besser die Brücke zwischen ihnen werden sollte. Bis jetzt könne von Deutschen wenig praktisch Wirksames getan werden, um dieses Ideal zu verwirklichen. „Die Stimmen der Deutschen einer Besatzungszone werden oft nur schwach und bisweilen gar nicht von den Deutschen anderer Zonen vernommen; und allzu oft wird auch die ehrlichste Überzeugung, die in einem Teil Deutschlands zu Worte kommt, in anderen Teilen Deutschlands mit Vorbehalt aufgenommen, als handele es sich um ‚Propaganda' im Dienste der Besatzungsmacht, die die Lizenz erteilt hat. [...] Die Spaltung vertieft sich. Die östlichen und die westlichen Teile Deutschlands beginnen, sich voneinander zu entfernen. Das ist nicht gut, weder für Deutschland noch für den Frieden der Welt."[1] War es diese selbstbewußte Darstellung der Rolle Deutschlands, die den amerikanischen Behörden nicht behagte? Oder war es die Zumutung, gemeinsam mit den sowjetischen Behörden eine Zeitschrift lizenzieren zu sollen? Prekär war auch das Verlangen nach vollständiger Unabhängigkeit der Zeitschrift von Einflüssen der Besatzungsmächte: „Es wird eine in jeder Weise unabhängige deutsche Zeitschrift sein.* Sie wird sich strikt an die generellen Pressevorschriften der Besatzungsmächte halten, aber sie wird nicht das Organ oder das Sprachrohr einer der Besatzungsmächte sein." Sie werde durch eine offene Diskussion unter Deutschen und durch die Publikation von Berichten, Meinungen, Artikeln und literarischen Beiträgen von amerikanischen, russischen, britischen, französischen und anderen Autoren das Verständnis und möglicherweise die Freundschaft für alle alliierten Mächte fördern. Andererseits werde sie ihren deutschen und ausländischen Mitarbeitern nicht verbieten, ihre eigene Meinung zu äußern und eine kritische Sicht zum Ausdruck zu bringen.

Die Anmerkung * betraf die Zensur: Es sei natürlich unmöglich, eine mehrfach lizenzierte Publikation unter den Bedingungen der Vorzensur herauszugeben. Eine Einigung darüber, daß es keine Vorzensur von irgendeiner Seite geben werde, sei die Vorbedingung für dieses Unternehmen.

Neben diesem ersten und wichtigsten Merkmal beschrieb Kantorowicz die Zeitschrift folgendermaßen: „Die Zeitschrift wird auch insofern unabhängig sein, als sie nicht das Sprachrohr oder das Organ irgendeiner der deutschen Parteien zu werden beabsichtigt." Offizielle Parteivertreter sollten als Autoren nicht erscheinen, wohl aber die Wortführer der verschiedensten sozialen, politischen und ideologischen Richtungen, die ihre Auffassungen zur Diskussion stellen sollten. Die Meinungsfreiheit werde hier wieder zu ihrer eigentlichen Bedeutung und zu ihrem Recht kommen. Die Zeitschrift werde ein hohes intellektuelles Niveau halten und keine Konzessionen an aktuelle und populäre Tendenzen machen.

Als letzten wichtigen Punkt hob Kantorowicz hervor, daß es sich um eine in Sprache und Geist deutsche Publikation handele, die im wesentlichen deutsche Probleme diskutieren werde. Internationale Ereignisse würden unter dem Gesichtspunkt des vernünftigen deutschen Interesses betrachtet. Um in diesem Punkt keine Mißverständnisse aufkommen zu lassen, erklärte Kantorowicz: „Dieses vernünftige deutsche Interesse wird erblickt in der These, daß Deutschlands Überleben und Deutschlands Regeneration abhängig sind von dem guten Verständnis der Alliierten untereinander." Deutschland solle nicht das Werkzeug einer oder der anderen Seite werden. Es solle ein friedliebendes, fortschrittliches, unabhängiges Deutschland entstehen, nicht zwei Deutschlands oder vier.

Nach weniger als zwei Monaten, die sich Kantorowicz in Berlin aufgehalten hatte, war er sich der neuen Gefahr bewußt, die aus den wachsenden Gegensätzen zwischen den USA und der Sowjetunion entstand. Die Teilung Deutschlands, die sich erst mit der Währungsreform im Juni 1948 manifestierte, war bereits absehbar. Wie Kantorowicz sich dagegen den künftigen Weg des deutschen Volkes vorstellte, beschrieb er am Schluß seines Antrags: „Deutschland in seiner gegenwärtigen Situation kann weder die amerikanische Lebensform noch die Entwicklung des Sozialismus in der Sowjetunion schematisch adoptieren. Wir Deutschen müssen die unseren gegenwärtigen Bedingungen angemessene Lösung der sozialen, ökonomischen und ideologischen Probleme unseres Zeitalters selber finden."

Entweder machte sich Kantorowicz, als er den Antrag schrieb, Illusionen über die Unvoreingenommenheit der amerikanischen Behörden, denen er sogar seine Bewunderung für die Errungenschaften des sowjetischen Volkes zur Kenntnis brachte, oder er hatte noch ein anderes Ziel im Auge als die Bewilligung seiner Lizenz: den Vertretern der Besatzungsmacht als unvoreingenommener Kritiker ihrer Tätigkeit in Deutschland seine Meinung mitzuteilen. In diesem Fall war die Erwartung, mit seinen Vorschlägen Gehör zu finden, jedenfalls nicht weniger illusionär.

Bei den sowjetischen Behörden verfuhr Kantorowicz mit mehr taktischem Feingefühl. Mit einem Schreiben vom 10. März 1947 übergab er seinen Antrag an Oberst Tulpanow, den Leiter der Politischen Abteilung der Sowjetischen Militärverwaltung, mit dem er bereits Bekanntschaft geschlossen hatte. Schon am 13. März 1947 konnte er Major Wallach, dem Leiter der Presseabteilung, mitteilen, daß Tulpanow sein Einverständnis erklärt hatte, und mit ihm die Einzelheiten des Projekts besprechen, vor allem den Papierbedarf und die Zensurfreiheit. Er bat darum, „alle noch bestehenden Zensurregulierungen für diese Zeitschrift zu nullifizieren".[2] Nach seinen Aussagen im „Deutschen Tagebuch" haben die sowjetischen Behörden niemals versucht, Einfluß auf den Inhalt des Blattes zu nehmen.

Ein Teil des Anfangskapitals kam von einem bulgarischen Geschäftsmann, der kein Mitspracherecht in redaktionellen Fragen beanspruchte und nach kurzer Zeit ausgezahlt werden konnte. Als wirkliches Problem erwies sich dagegen die Papierbeschaffung, die nur durch gute persönliche Kontakte des Herausgebers zu den Leitern der Militärverwaltung zu bewerkstelligen war.

Die nächsten Fragen, vor denen Kantorowicz stand, waren die Beschaffung von Räumen für die Redaktion, die Beantragung eines Stromkontingents für 13 Glühbirnen, die Beschaffung von Kohlen, von Glas für die Fenster, die Bereitstellung eines Autos und des nötigen Treibstoffs. Bei einigen Problemen wurden die sowjetischen Offiziere um Hilfe gebeten, andere wurden auf dem Schwarzen Markt gelöst.

Trotz aller Schwierigkeiten ließ sich das Unternehmen sehr gut an. Am 3. Juli 1947 teilte die Druckerei- und Vertriebs-Gesellschaft m.b.H., Abteilung Buchvertrieb, mit, daß insgesamt Bestellungen für 83 000 Exemplare der Zeitschrift eingegangen seien:

aus Groß-Berlin und der sowjetischen Zone	24 000 Exemplare
aus der amerikanischen Zone	27 000 Exemplare
aus der englischen Zone	19 000 Exemplare
aus der französischen Zone	13 000 Exemplare
für den Auslandsvertrieb	3 000 Exemplare.[3]

Vom ersten Heft der Zeitschrift vom Juli 1947 waren 50 000 Exemplare gedruckt worden, 20 000 wurden nachgedruckt. Für den Vertrieb gab es keine Hindernisse, da die Zonengrenzen noch keine Handelsschranken darstellten.

Der Anfangserfolg setzte sich auch in den nächsten Monaten fort und bestätigte das Konzept der Zeitschrift, das sich im ersten Heft sowohl durch die „Einführung" des Herausgebers, als auch durch die Zusammenstellung der Texte dem Leser unmißverständlich präsentierte.

„Die Sphäre und Einflußsphäre der ,westlichen' Kultur hört nicht am Rhein oder an der Elbe auf, die ,östliche' ist nicht begrenzt durch die Weichsel oder die Oder. Die Anführungszeichen, zwischen die ,westlich' und ,östlich' gesetzt sind, haben keinen polemischen Charakter; eher einen fragenden: wie denn etwa der Begriff ,westliche Kultur' heute zu definieren wäre? Es ist fraglich geworden, ob wir noch wie bislang den Begriff der ,westlichen Kultur' mit dem europäischen gleichsetzen dürfen."[4]

Diese Frage diskutierte Kantorowicz jedoch nicht. Es ging ihm vielmehr darum, das traditionelle Verflochtensein der europäischen Kulturen zu bewahren bzw. nach der Ausgrenzung Deutschlands durch den Nationalsozialismus wieder an diese Tradition anzuknüpfen. Und er wollte auch schon den neuen Gefahren begegnen, die sich aus den politischen Spannungen zwischen den USA und der UdSSR für die deutsche Kultur ergaben. Vor der Konsequenz, die von den Politikern aus der Konfrontation gezogen wurde, warnte Kantorowicz. „Es hieße aber, die Probleme, denen wir ins Auge zu sehen haben, allzusehr zu vereinfachen (um nicht zu sagen, zu verfälschen), wollte man die bestehenden Gegensätze hinter symbolischen Demarkationslinien einfrieren", gab er zu bedenken. „In diesem Zeitpunkt nun willkürlich Schranken zu errichten, würde uns weit hinter das Zeitalter Goethes zurückwerfen, der zuerst den Begriff der Weltliteratur formulierte [...] Das Gegenteil tut Not; es gilt, die geistigen Schranken, die durch zwölf Jahre der Nazidiktatur um Deutschland gelegt

worden sind, niederzureißen und sich in der Welt umzuschauen, nach allen Himmelsrichtungen, nach Osten und Westen, nach Norden und Süden." Die sozialen und geistigen Konflikte ließen sich nicht durch Ländergrenzen bewältigen, sie gingen durch jedes Land und müßten letztlich in jedem Menschen ausgetragen werden.[5]

Die politische Lage Deutschlands wurde in warnenden Worten dargestellt: „Deutschland ist, bedingt durch die Umstände des Krieges und der gegenwärtigen Besetzung durch vier Besatzungsmächte, zu einem magnetischen Feld sich überschneidender, divergierender, kultureller und politischer Einflußsphären geworden. Es ist offenbar, daß Reibungen, die an diesen Schnittpunkten entstehen, sich in das Fleisch und Blut unserer materiellen und nationalen Existenz einschneiden müssen. Konflikte der Weltmächte spielen sich zwangsläufig auf unserem Rücken ab. Eine Aufspaltung der Welt in machtpolitische Sphären würde nach sich ziehen eine Aufspaltung Deutschlands."[6]

Hieraus leitete Kantorowicz die Aufgabe der Zeitschrift ab, ein geistiges Brückenschlagen zu befördern, und charakterisierte sie in der gleichen Weise wie im Lizenzantrag an die US-Behörden, aus dem er im Einführungsartikel auch zitierte. Der Leser wurde über das Projekt und den Stand der Mehrfachlizenzierung sachlich informiert, ohne daß die damit zusammenhängenden Probleme erörtert wurden.

Das erste Heft enthält Beiträge der deutschen Emigranten Heinrich Mann, Bertolt Brecht und Franz Schoenberner, des Franzosen Georges Bernanos, der Amerikaner Theodore Dreiser und Carson McCullers, der sowjetischen Schriftsteller Ilja Ehrenburg und Alexander Blok. Die Autoren wurden nicht nur durch ihre Texte, sondern auch durch einführende Beiträge über sie vorgestellt. Der Inhalt der ausgewählten Texte bezieht sich nicht im engsten Sinne auf Kunst, sondern auf „die geistige Lage", wie der Beitrag H. Manns überschrieben ist. Es ist ein Auszug aus dem in Deutschland noch nicht erschienenen Buch „Ein Zeitalter wird besichtigt".

Die späteren Hefte wurden zumeist thematisch gestaltet, viele von ihnen tragen einen Hefttitel. Dabei handelt es sich um zeitgeschichtliche und kulturgeschichtliche Themen, die Kultur einzelner Länder und die deutsche Geschichte („Das deutsche Schicksalsjahr 48", „Blick in sechs Länder", „Zwischen Krieg und Frieden").

Einen wesentlichen Schwerpunkt stellte natürlich die Entwicklung einer neuen deutschen Kultur dar: Dem deutschen, insbesondere dem Berliner Theater wurde ständig Aufmerksamkeit geschenkt. In der Rubrik „Das Freie Buch" wurden Neuerscheinungen auf dem deutschen Buchmarkt rezensiert. Zu den wichtigsten Ereignissen gehörte der 1. deutsche Schriftstellerkongreß, Berlin 1947. Ihm ist das Oktoberheft gewidmet, in dem 6 Reden abgedruckt sind. Dagegen sind weder der 1. Kulturtag der SED im Mai 1948 noch die 1. Parteikonferenz der SED im Januar 1949, die „Maßnahmen zur Durchführung der kulturellen Aufgaben im Rahmen des Zweijahrplanes" beschlossen hatte, erwähnt. Sie schienen der Redaktion nicht zu den diskussionswürdigen „kulturellen und politischen Fragen der Zeit" zu zählen, während die Kulturbundzeitschriften „Heute und Morgen", aber vor allem der „Aufbau" diesen Parteiveranstaltungen einige Bedeutung beimaßen.

Zu den politischen Ereignissen, die in „Ost und West" Beachtung fanden, gehörten die Währungsreform, die in einem redaktionellen Beitrag als Triumph der Verblendung dargestellt wird, und die Gründung der DDR. Im November

1949 wurden auf 30 Seiten der Zeitschrift Reden und Telegramme, die anläßlich des Staatsaktes verlesen worden waren, als „in unser aller Schicksal eingreifende historische Dokumente"[7] abgedruckt.

Im letzten Heft publizierte Kantorowicz seinen Beitrag zum 70. Geburtstag Stalins unter dem Titel „Stalin als Lehrmeister der nationalen Selbstbestimmung". Verglichen mit den üblichen Huldigungen ist dieser siebenseitige Geburtstagsglückwunsch schmal ausgefallen. Der „Aufbau" widmete Stalin zum selben Anlaß 45 Seiten, „Heute und Morgen" 15 Seiten. Zudem beschäftigte sich Kantorowicz in seinem Aufsatz mit einem aktuellen deutschen Problem: der nationalen Selbstbestimmung, die Stalin der DDR garantiert hatte. Man kann die Worte von Kantorowicz unschwer als eine Beschwörung verstehen.

In der Anfangszeit hat Kantorowicz die organisatorische und redaktionelle Arbeit selbst geleistet. Vom Novemberheft 1947 bis zum Septemberheft 1949 ist Maximilian Scheer als Chefredakteur ausgewiesen, den Kantorowicz noch in den USA als Mitarbeiter an seinem Zeitschriftenprojekt geworben hatte. Scheer übernahm schon nach kurzer Zeit den Hauptanteil der redaktionellen Arbeit. Auch für den Verlag, den Vertrieb und für das Sekretariat wurden Mitarbeiter eingestellt, so daß die Zahl der bei der Zeitschrift Beschäftigten auf sechs oder sieben stieg.

In der „Täglichen Rundschau", der sowjetischen Tageszeitung für die deutsche Bevölkerung, wurde die Zeitschrift als unabhängiges und überparteiliches Kulturblatt in einem Artikel von Gustav Leuteritz außerordentlich begrüßt.[8] Ein Jahr später würdigte Leuteritz in der gleichen Zeitung die Leistungen, die der Herausgeber und der Chefredakteur vollbracht hatten, um die geistige Brücke zwischen Ost und West zu stärken.[9]

Ganz im Gegensatz zu diesem Programm stand ein Vorkommnis, durch das die Zeitschrift im Januar 1949 in die Schlagzeilen der politischen Presse in Ost und West geriet: Der Fahrer des LKW, der eine Wagenladung mit Zeitschriften und Büchern von der Buchbinderei zur Druckerei beförderte, fuhr nicht den vorgeschriebenen Weg, sondern passierte einen kleinen Zipfel des amerikanischen Sektors. Dort wurde er festgehalten und die Ladung beschlagnahmt. Wenige Tage später druckten viele sowjetisch lizenzierte Presseorgane einen offenen Brief Arnold Zweigs an die Amerikanische Militärkommandantur ab, in dem er sich für die Freigabe der Zeitschriften und Bücher einsetzte. Einige der amerikanisch lizenzierten Zeitungen reagierten wiederum aggressiv auf diesen Brief, wie z.B. der „Telegraf" und „Der Tagesspiegel".[10]

Kantorowicz hatte selbstverständlich umgehend die Freigabe beim Office of Military Government, Berlin Sector, beantragt. Er hatte keinen Erfolg, die Exemplare mußten nachgedruckt werden, was einen erheblichen finanziellen Verlust bedeutete.

Jedoch hatten schon im April 1948 für den Vertrieb der Monatsschrift die ersten Schwierigkeiten begonnen. Ein Bericht „Zur wirtschaftlichen Lage der Zeitschrift OST UND WEST" unterscheidet zwischen zwei Phasen. „Vor der jüngsten politischen Entwicklung" lag die Auflage bei 53 000 Exemplaren, davon wurden 40% in der sowjetischen Zone abgesetzt, 12% in Berlin, 48% in den Westzonen. Die wirtschaftliche Grundlage bildeten die Vertriebseinnahmen, die die Herstellungskosten im wesentlichen deckten. „Die neueste Entwicklung" in politischer Hinsicht wirkte sich negativ auf den Vertrieb der Zeitschrift aus. Seit April verlief die Paketbeförderung in die Westzonen nur noch stockend, so daß ein großer Teil der Auflage nicht verkauft werden

konnte. Im April und Mai erließ die amerikanische Militärregierung ein Verbot der Einfuhr sowjetisch lizenzierter Presseerzeugnisse. Zwar wurde es wieder aufgehoben, doch erfolgten auf Grund der Maßnahme zahlreiche Abbestellungen. Einschneidende Wirkungen hatte die Währungsrefom: „Infolge der schon seit Wochen als kurz bevorstehend angenommenen einseitigen Währungsrefom im Westen sind vorsorgliche Abbestellungen in großem Umfang erfolgt. Da nunmehr die Währungsrefom in Kraft getreten ist, muß damit gerechnet werden, daß der Erlös der für den Westen bestimmten Vertriebsauflage vorübergehend nicht transferiert werden kann."[11]

Der Verlagsdirektor M.C. Schreiber, der diesen Bericht verfaßte, folgerte daraus, daß mehr für die Werbung getan, die Herstellungskosten verringert und der Verkaufspreis gesenkt werden müsse. Dem Handel sollte volles Remissionsrecht eingeräumt werden. Insgesamt sei mit einem vorübergehenden monatlichen Fehlbetrag von 15-20 000 Mark zu rechnen.

Kantorowicz sah die Lösung des Problems eher in der Steigerung des Absatzes in der sowjetischen Zone. Deshalb schlug er einem „werten Freund", möglicherweise einem der ihm bekannten sowjetischen Offiziere, vor, der zentralen Vertriebsgesellschaft für die Ostzone eine Festabnahme von 25 000 bis 30 000 Exemplaren zu empfehlen. Über die Höhe des Fehlbetrages ließ er ihn vorsorglich im unklaren.[12]

Alle Maßnahmen halfen jedoch nichts. Die Zahl der verkauften Exemplare sank nicht nur in den Westzonen, sondern auch in der sowjetischen. Im Januar/Februar 1949 lag die Auflage nach einer Tagebuchnotiz des Herausgebers bei 7 500 Exemplaren.[13] Damit waren die Kosten nicht mehr zu decken. Der inzwischen florierende Buchverlag Kantorowicz' mußte die Bilanz mit 5 000 Mark monatlich ausgleichen.

Die finanzielle Situation des Verlages verschlechterte sich durch den geringen Absatz der Zeitschrift ständig. Im Oktober 1949 war es so weit gekommen, daß auch durch den Buchverkauf der Verlust nicht mehr ausgeglichen werden konnte. Kantorowicz wandte sich deshalb an die „zuständigen politischen Instanzen der Deutschen Demokratischen Republik". Im Schreiben vom 21. Oktober 1949 bat er um finanzielle Unterstützung, da er sonst mit der Dezembernummer das Erscheinen der Zeitschrift einstellen müsse. Als Gründe gab er an: „a) die Währungsreform (Verknappung des Geldes); b) die de facto Abschnürung der Westzonen Deutschlands; c) die verschiedentlichen Umstellungen der zentralen Vertriebsorganisationen [...]" Die Auflage sei von 70 000 Exemplaren zu Beginn auf 30 000 zur Zeit der Währungsreform und seither auf 5 000 für die Ostzone und Berlin und 1 000 für die Westzonen gesunken. Derzeit entstehe ein monatliches Defizit von 5 000 Mark.

Um das Weitererscheinen der Zeitschrift zu sichern, sei ein Überbrückungskredit notwendig und für die Zeit ab Januar 1950 eine Subventionierung, für die Kantorowicz folgende Vorschläge machte: 1. eine direkte Subvention durch einen Kulturfonds bzw. durch Fonds von Regierungsstellen der DDR, 2. eine indirekte Subventionierung durch zusätzliche Abnahme von 10 000 Exemplaren für Bibliotheken in der DDR und für das Ausland, 3. die Übernahme der Zeitschrift durch eine der kulturellen oder politischen Institutionen der DDR (Ministerium, Magistrat oder Schriftstellerverband), 4. Übernahme der Zeitschrift durch eine große Tageszeitung, z.B. die „Berliner Zeitung".[14] Von allen Varianten favorisierte Kantorowicz die zweite, vor allem, weil sie die volle Selbständigkeit des Herausgebers und der Redaktion wahrte.

Wer der Adressat des Schreibens war, ist aus dem Exemplar im Archiv nicht zu ersehen. Eine Antwort erhielt Kantorowicz jedenfalls mit Datum vom 1. November 1949 vom Zentralsekretariat der SED, Abt. Kultur und Erziehung, unterzeichnet von Stefan Heymann. Er teilte mit, daß er sich leider nicht für die Aufrechterhaltung der Zeitschrift einsetzen könne, da wegen der angespannten finanziellen Situation die Kräfte konzentriert werden müßten. Nachdem er Kantorowicz Verständnis und Mitgefühl ausgedrückt hatte, verwies er auf die seit Gründung der Zeitschrift veränderte politische Situation und deutete damit an, daß die Zeitschrift nicht mehr recht ins politische Konzept der SED passe: „Als die Zeitschrift gegründet wurde, stand die Frage des Verhältnisses zwischen Ost- und Westdeutschland anders als heute. Damals kämpften wir um die Verhinderung der Spaltung und damals war das Programm Deiner Zeitschrift eine wesentliche Hilfe für diesen Kampf. Heute hat sich auch der Charakter Deiner Zeitschrift schon etwas geändert, was ja nur natürlich ist. Das ursprüngliche Programm muss heute in den Kampf zur Beseitigung der vollzogenen Spaltung umgewandelt werden. – Das stellt uns vor neue Aufgaben und Probleme, die meiner Ansicht nach sehr wohl in einer gemeinsamen Zeitschrift, wie es der ‚Aufbau' ist, durchgeführt werden können."[15]

Zwar ist der Absatz in belehrendem Ton verfaßt, doch wird versucht, Einvernehmen mit dem Adressaten herzustellen. Heymann spricht jedoch deutlich aus, daß die Wertschätzung einer Zeitschrift durch die SED davon abhängt, in welchem Grad sie der Durchsetzung der politischen Ziele der Partei dient.

Der Brief ist nachlässig formuliert. Was Heymann unter einer „gemeinsamen" Zeitschrift versteht, kann nur vermutet werden: Sicher zielt die Formulierung darauf, daß der Kulturbund zur demokratischen Erneuerung Deutschlands, dessen Prinzipien dem Parteiprogramm entsprachen und der wesentlich von Parteifunktionären geleitet wurde, hinter der Zeitschrift „Aufbau" stand. Sie war auf die „gemeinsame Sache" eingeschworen, anders als die Zeitschrift des privaten Herausgebers Kantorowicz, die nach dessen Programm konzipiert war und sich der Parteikontrolle entzog.

Insgesamt gesehen handelte es sich bei dem Schreiben des Zentralsekretariats der SED um eine wohlwollend formulierte Absage, in der keinerlei Vorwürfe ausgesprochen wurden. Unterlagen, die im Zusammenhang mit diesem Schriftwechsel stehen, finden sich nach Auskunft des Archivs beim Parteivorstand der PDS nicht. Es ist deshalb nicht möglich, die Hintergründe zu rekonstruieren.

Da keine Geldquelle gefunden werden konnte, mußte Kantorowicz im Dezember 1949 die angekündigte Konsequenz ziehen. Er verabschiedete sich von seinen Lesern mit einem langen Artikel, in dem er nochmals das Programm, die Entwicklung und das Ende der Zeitschrift darstellte.[16] Obwohl in diesem Abschiedsartikel keine Kritik an der Politik der SED geübt wurde, reizte er den Mitarbeiter des Zentralsekretariats Stefan Heymann zu einem Angriff gegen Kantorowicz, den er im „Sonntag" unter dem Titel „Ein schlechter Abgesang" veröffentlichte. In diesem Aufsatz lieferte Heymann einige Aufschlüsse über die Gründe, warum die Unterstützung der Zeitschrift durch die Partei abgelehnt worden war. Unter seinem persönlichen Namen konnte er sie als Kritik am Herausgeber publizieren, während er im Schreiben des Zentralsekretariats alle Angriffe vermeiden mußte.

Der Artikel ist nachlässig formuliert und in der gedanklichen Konstruktion nicht logisch, sondern demagogisch. Es sind drei Vorwürfe, die Kantorowicz gemacht werden:

Er begreife die politische Entwicklung nicht, die sich seit Gründung seiner Zeitschrift vollzogen habe, sonst würde er das Konzept nicht verteidigen, das der Zeitschrift im Sommer 1947 zugrunde lag, damals schon anfechtbar war und unter den gegenwärtigen Bedingungen des Kampfes „absolut unmöglich" geworden sei. Die Armut, in die das deutsche Volk durch den Krieg gestürzt worden sei, mache es nötig, die Kräfte zu konzentrieren. Nur so werde man in der Lage sein, alle Probleme, die „unerbittlich von der Geschichte gestellt werden, zu lösen. Daß in dieser Auseinandersetzung auch manches verschwindet, was nicht mehr den Bedingungen dieses Ringens entspricht, ist selbstverständlich."

Der zweite Vorwurf betrifft eine autobiographische Passage des Abschiedsartikels, in der Kantorowicz die Behauptung amerikanischer Zeitungen ad absurdum führte, er sei in der Zeit seines Aufenthalts in den USA ein kommunistischer Agent gewesen. Heymann wendet die Beweisführung gegen Kantorowicz und fragt ihn, ob er denn der Meinung sei, daß das Wort „Kommunist" ein Schimpfwort wäre.

Der dritte Vorwurf richtet sich gegen den Absatz, in dem Kantorowicz die Beschlagnahme des LKW mit Zeitschriften und Büchern durch die amerikanischen Besatzungstruppen beschrieb und Arnold Zweig für seinen Einsatz für die Rückgabe der Exemplare dankte. In diesem Zusammenhang steht die Feststellung: „In unseren Zeitläuften haben die Argumente der Dichter und Denker geringes materielles Gewicht, und es sind nicht die Schriftsteller, die letztlich über die Geschicke einer literarischen Zeitschrift zu verfügen haben." Offenbar hat Heymann hier – vielleicht nicht ganz zu Unrecht – zwischen den Zeilen eine Kritik an der Partei herausgelesen. In seiner Polemik riß er den Satz aus dem Zusammenhang und wies nach, welchen großen Einfluß die Dichter und Denker Mao Tse-tung, Marx und Lenin in den sozialistischen Staaten hätten.[17]

Kantorowicz hat in seinem Abschiedsartikel mit keinem Wort seinen abschlägig beantworteten Subventionsantrag erwähnt und sich somit auch hier an seine selbstgestellte Verpflichtung gehalten, keine Anhaltspunkte zu bieten, die die ideologischen Widersacher propagandistisch verwerten könnten. Er nahm sich allerdings die Freiheit, den sowjetischen Offizieren mit überschwenglichen Worten für ihre Unterstützung zu danken und die deutschen Funktionäre mit keinem Wort zu erwähnen, jeden namentlich zu nennen, der sich für das Überleben der Zeitschrift eingesetzt hatte – es war niemand darunter, der politischen Einfluß hatte.

Kantorowicz hat auf den Artikel von Heymann eine Antwort geschrieben, die er an den „Sonntag" sandte und an Erich Wendt, den Leiter des Aufbau-Verlages, in dem der „Sonntag" erschien. Im Begleitbrief an Wendt heißt es: „Der Eselstritt, den Heymann nachträglich der Zeitschrift versetzt, entspricht den Methoden, mit denen er gegen sie gekämpft hat. Das ist kein Ruhmesblatt unserer Kulturpolitik. Was mich betrifft, so will ich begraben sein lassen, was tot ist – d.h. nicht mehr auf die Frage der Existenzberechtigung der Zeitschrift zurückkommen –, aber ich muß mich gegen persönliche Mißverständnisse und Unterstellungen wehren. In diesem Sinne ist auch meine Antwort abgefaßt. Ich darf erwarten, daß der Sonntag sie ehestens veröffentlicht. Durchschläge habe ich auch an Pieck, an Heymann selber und an Becher als Präsident des Kulturbundes gesandt."[18] Die Antwort Wendts dürfte Kantorowicz nicht gefallen haben, denn Wendt kritisierte ebenfalls den Abschiedsartikel und wollte vor allem die öffentliche Diskussion darum beenden.[19] Das geschah dann auch, denn der „Sonntag" publizierte den Artikel von Kantorowicz nicht. (Der

Schriftwechsel mit der Redaktion des „Sonntag" konnte weder dort noch im Archiv des Verlages ermittelt werden.)
Es war wiederum Gustav Leuteritz, der in der „Täglichen Rundschau" am 5. Januar 1950 unter dem Titel „Abschied von einer Zeitschrift" die Verdienste der Zeitschrift „Ost und West" würdigte: „Tatsächlich aber verliert die fortschrittliche deutsche Öffentlichkeit mit der Liquidation dieser Zeitschrift eines ihrer frischesten und lebendigsten Publikationsorgane von internationalem Rang. Niemand, der sich verantwortlich für die Wiederherstellung der deutschen Einheit fühlt, kann übersehen, daß ‚Ost und West' (sein Name schon war ein Programm) ein wichtiger überparteilicher und interzonaler Mittler innerhalb der deutschen Länder war und daß in dieser Zeitschrift das Ost-West-Gespräch nie abriß." „Ost und West" habe eine Mission erfüllt, „die gerade in dieser geschichtlichen Stunde von anderen Zeitschriften nicht so wirksam gepflegt werden kann". Und Leuteritz stellt am Schluß die Frage, ob nicht eine der Massenorganisationen, z.B. die Nationale Front, die Zeitschrift hätte retten können.

Das Wohlwollen, mit dem die Zeitschrift seit Beginn ihres Erscheinens von der sowjetischen Zeitung behandelt worden ist, entspricht dem, was Kantorowicz im „Deutschen Tagebuch" über seine Beziehungen zu den Kulturoffizieren schrieb. Der Gegensatz zu den Funktionären der SED ist in diesem Falle evident, blieb aber folgenlos.

Barbara Voigt

Anmerkungen

1   Akademie der Künste zu Berlin, Nachlaß Kantorowicz Nr. 71. Zitate folgen dem deutschsprachigen Text in: Der Herausgeber [d.i. Alfred Kantorowicz]: Einführung. – In: „Ost und West", Jg. 1, Nr. 1, S. 6-8. Indirekte Zitate basieren auf dem englischsprachigen Dokument.
2   Nachlaß Kantorowicz Nr. 71.
3   Ebenda.
4   Der Herausgeber [d.i. Alfred Kantorowicz]: Einführung. – In: „Ost und West", Jg. 1, H. 1, S. 3.
5   Ebenda.
6   Ebenda, S. 4.
7   Demokratie und „democracy". – In: „Ost und West", Jg. 3, H. 11, S. [II].
8   Ltz. [d.i. Gustav Leuteritz]: Zeitschrift für geistige Verständigung. – In: „Tägliche Rundschau", Berlin, Berliner Ausgabe, 17.7.1947, S. 4.
9   Ltz. [d.i. Gustav Leuteritz]: Weltverbindender Kulturwille. Ein Jahr Monatsschrift „Ost und West". – In: „Tägliche Rundschau", Berlin, 8.6.1948, S. 3.
10 Billiger Mut. – In: „Telegraf", Berlin, 29.1.1949, S. 3/Die Öffentliche Meinung. – In: „Der Tagesspiegel", Berlin, 10.2.1949.
11 Nachlaß Kantorowicz Nr. 70.
12 Ebenda.
13 Barbara Baerns: Ost und West – eine Zeitschrift zwischen den Fronten. Zur politischen Funktion einer literarischen Zeitschrift in der Besatzungszeit (1945-1949). Münster: Verlag C.J. Fahle 1968, S. 169.

14 Nachlaß Kantorowicz Nr. 92.
15 Ebenda.
16 Der Herausgeber [d.i. Alfred Kantorowicz]: Abschied. – In: „Ost und West", Jg. 3, H. 12, S. 77-101.
17 Stefan Heymann: Ein schlechter Abgesang. – In: „Sonntag", Berlin, 5.2.1950, S. 8.
18 ... und leiser Jubel zöge ein. Autoren- und Verlegerbriefe 1950-1959. Hg. v. Elmar Faber und Carsten Wurm. Aufbau Taschenbuch Verlag: Berlin 1992, S. 201.
19 Ebenda, S. 201-202.

Bibliographie der Zeitschrift
„Ost und West"

Tabellen und Verzeichnisse

Erscheinungsweise

Jg.	Heft	Monat	Jahr	Gezählte Seiten	Bibliographie-Nummern
1	1	Juli	1947	1-96	1-21
	2	August		1-96	22-35
	3	September		1-96	36-57
	4	Oktober		1-96	58-76
	5	November		1-96	77-93
	6	Dezember		1-96[1]	94-112
2	1	Januar	1948	1-96	113-133
	2	Februar		1-96	134-157
	3	März		1-96	158-184
	4	April		1-96	185-204
	5	Mai		1-100	205-238
	6	Juni		1-96	239-264
	7	Juli		1-102	265-289
	8	August		1-98	290-317
	9	September		1-96	318-342
	10	Oktober		1-96	343-369
	11	November		1-96	370-401
	12	Dezember		1-96	402-422
3	1	Januar	1949	1-96	423-448
	2	Februar		1-96	449-473
	3	März		1-96	474-500
	4	April		1-96	501-520
	5	Mai		1-96	521-543
	6	Juni		1-96	544-564
	7	Juli		1-96	565-588
	8	August		1-96	589-606
	9	September		1-96	607-622
	10	Oktober		1-96	623-650
	11	November		1-96	651-673
	12	Dezember		1-152[2]	674-714

1 4 Seiten Beilage
2 24 Seiten Beilage

Verlag, Redaktion, Anzeigenverwaltung und Druck

Verlag, Redaktion und Anzeigenverwaltung: Berlin-Pankow, Westerland-
straße 15 (Jg. 1, H. 1-2)
Verlag und Redaktion: Berlin-Pankow, Westerlandstraße 15 (Jg. 1, H. 3 - Jg. 2,
H. 3)
Verlag und Redaktion: Berlin W 8, Taubenstraße 4-6 (Jg. 2, H. 4 - Jg. 3, H. 12)

Druck:
Buchdruckerei Buck G.m.b.H., Berlin SO 16, Rungestraße 25-27

Lizenznummer

Mit Genehmigung der Sowjetischen Militärverwaltung in Deutschland unter
Lizenz Nr. 277

Nachdruckvermerk

Der Nachdruck ist nur mit Zustimmung der Schriftleitung gestattet. (Jg. 1, H.
1-6)
Der Nachdruck ist nur mit Zustimmung der Redaktion gestattet. (Jg. 2, H. 1 -
Jg. 3, H. 12)

Format

22,5 cm hoch / 15,0 cm breit

Auflage

Vor der Währungsreform, Juni 1948, bis zu 70 000 Exemplare, danach ca.
30 000, zum Dezember 1949 auf 6 000 Exemplare abfallend. (Lt. Kantorowicz: „Abschied", Jg. 3, H. 12, S. 77)

Preise

Einzelheft	2,50 RM
Vierteljahr	7,50 RM (Jg. 1, H. 1 - Jg. 2, H. 6)
Einzelheft	2,00 DM
Vierteljahr	5,50 DM (Jg. 2, H. 7 - Jg. 3, H. 12)

Gesamt-Inhaltsverzeichnisse und Register der Zeitschrift

Jahrgang 1947. I. Inhaltsverzeichnis / II. Autorenverzeichnis. – In: Jg. 1 H. 6,
Beilage. (Vgl. nach Nr. 112 der vorliegenden Bibliographie)
Ost und West veröffentlichte im ersten Jahr vom Juli 1947 bis Juni 1948
Arbeiten von. [Autorenregister und Inhaltsverzeichnis.] – In: Jg. 2, H. 7,
S. 96-99. (Vgl. nach Nr. 288 der vorliegenden Bibliographie)
Ost und West veröffentlichte im zweiten Jahr vom Juli 1948 bis Dezember 1948.
[Autorenregister und Inhaltsverzeichnis.] – In: Jg. 3, H. 1, S. 95-96. (Vgl.
nach Nr. 448 der vorliegenden Bibliographie)
Ost und West veröffentlichte im zweiten Jahr vom Januar 1949 bis Juni 1949.
[Autorenregister und Inhaltsverzeichnis.] – In: Jg. 3, H. 6, S. 94-96. (Vgl. nach
Nr. 564 der vorliegenden Bibliographie)
Ost und West veröffentlichte im zweiten Teil vom Juli 1949 bis Dezember 1949.
[Autorenregister und Inhaltsverzeichnis.] – In: Jg. 3, H. 12, S. 143-146. (Vgl.
nach Nr. 714 der vorliegenden Bibliographie)
Ost und West veröffentlichte vom Juli 1947 bis Dezember 1949. [Gesamtin-
haltsverzeichnis und alphabetisches Autorenverzeichnis.] – In: Jg. 3, H. 12,
Beilage. (Vgl. nach Nr. 714 der vorliegenden Bibliographie)

Nachdruck

Ost und West. Beiträge zu kulturellen und politischen Fragen der Zeit. 1947-
1949. Herausgegeben von Alfred Kantorowicz. Vollständiger Nachdruck der
Jahrgänge 1947-1949. Königstein/Ts.: Athenäum Verlag 1979.

Literatur über die Zeitschrift

Ltz. [d.i. *Leuteritz*, Gustav]: Zeitschrift für geistige Verständigung. – In: Tägliche Rundschau. Berlin. Berliner Ausgabe, 17.7.1947, S. 4.
wb. [d.i. *Bredel*, Willi]: Im Geiste der Völkerverständigung. – In: Heute und
Morgen. Schwerin 1 (1947) 4, S. 256.
Ltz. [d.i. *Leuteritz*, Gustav]: Weltverbindender Kulturwille. Ein Jahr Monats-
schrift „Ost und West". – In: Tägliche Rundschau. Berlin. 8.6.1948, S. 3.
Utitz, Emil: Deutsche Zeitschriften von Prag aus gesehen. – In: Aufbau. Berlin
4 (1948) 12, S. 1115-1116.
Amerikaner beschlagnahmten „Ost und West". Arnold Zweig an USA-Militär-
Kommandantur. – In: Der Morgen. Berlin. 28.1.1949.
Jagd auf Literatur. – In: National-Zeitung. Berlin. 28.1.1949.
Offener Brief Arnold Zweigs in Sachen „Ost und West" an den amerikanischen
Kommandanten. – In: Berliner Zeitung. Berlin. 28.1.1949.

Sie brechen die geistige Brücke ab. Arnold Zweig gegen den Straßenraub der Stumm-Polizei. – In: Tägliche Rundschau. Berlin. Berliner Ausgabe, 28.1.1949, S. 5.

Fortschrittliche Zeitschrift beschlagnahmt. Offener Brief des Dichters Arnold Zweig an die amerikanische Militärregierung. – In: Neues Deutschland. Berlin. Berliner Ausgabe, 28.1.1949, S. 7.

4500 Zeitschriften „Ost und West" gestohlen. Ein offener Brief von Arnold Zweig. – In: Tribüne. Berlin. 28.1.1949, S. 3.

Billiger Mut. – In: Telegraf. Berlin. 29.1.1949, S. 3.

Argus: Die Offensive gegen den Geist. – In: Tägliche Rundschau. Berlin. 29.1.1949, S. 5.

Zum Weitersagen ... – In: Neues Deutschland. Berlin. Berliner Ausgabe, 30.1.1949, S. 2.

Frank, Elisabeth: Ja, warum eigentlich? – In: Tägliche Rundschau. Berlin. 8.2.1949, S. 3.

Die öffentliche Meinung. – In: Der Tagesspiegel. Berlin. 10.2.1949.

Ltz. [d.i. *Leuteritz*, Gustav]: Abschied von einer Zeitschrift. „Ost und West" stellt sein Erscheinen ein. – In: Tägliche Rundschau. Berlin. 5.1.1950, S. 4.

Heymann, Stefan: Ein schlechter Abgesang. – In: Sonntag. Berlin. 5.2.1950, S. 8.

Kantorowicz, Alfred: Deutsches Tagebuch. Bd. 1. München: Kindler Verlag 1959. 684 S.

Baerns, Barbara: Ost und West – eine Zeitschrift zwischen den Fronten. Zur politischen Funktion einer literarischen Zeitschrift in der Besatzungszeit (1945-1949). Münster: Verlag C.J. Fahle 1968. 239 S. = Studien zur Publizistik. Bremer Reihe. Deutsche Presseforschung; 10.

Kantorowicz, Alfred: Deutschland-Ost und Deutschland-West. Kulturpolitische Einigungsversuche und geistige Spaltung in Deutschland seit 1945. Münsterdorf: Hansen & Hansen 1971. 45 S. = Sylter Beiträge; 2.

„Als der Krieg zu Ende war". Literarisch-politische Publizistik 1945-1950. Sonderausstellung des Schiller-Nationalmuseums. Katalog Nr. 23. Ausstellung und Katalog von Gerhard Hay, Hartmut Rambaldo und Joachim W. Storck. München: Kösel-Verlag 1973. 591 S.

Scheer, Maximilian: Ein unruhiges Leben. Autobiographie. Berlin: Verlag der Nation 1975, S. 340-354.

Heinschke, Christian: *Ost und West* oder die Eintracht der Literaten. – In: Zur literarischen Situation 1945-1949. Hrsg. v. Gerhard Hay. Kronberg: Athenäum Verlag 1977, S. 189-204. = Athenäum-Taschenbücher; 2117.

Baerns, Barbara: Mit Akzent auf dem *und*. Anmerkungen zum Reprint von *Ost und West*. – In: Deutsche Studien. Lüneburg 17 (1979) 68, S. 332-346.

Borkowski, Dieter: Alfred Kantorowicz und sein literarischer Brückenschlag. – In: Deutsche Studien. Lüneburg 17 (1979) 68, S. 347-352.

Brandt, Sabine: Eine Zeit, in der jeder hoffte und jeder irrte. „Ost und West", die Zeitschrift von Alfred Kantorowicz, neu gedruckt. – In: Frankfurter Allgemeine Zeitung. Frankfurt/Main. 13.12.1979, S. 23.

Raddatz, Fritz J.: Auf den Flügeln des Friedens. Ein Reprint der von Alfred Kantorowicz herausgegebenen Zeitschrift „Ost und West". – In: Die Zeit. Hamburg. 21.12.1979, S. 46.

Rühle, Jürgen: Parzival im Kalten Krieg. Zum Nachdruck der Zeitschrift „Ost und West". – In: Süddeutsche Zeitung. München. 12./13.1.1980, S. 150.

Pross, Harry: Das Wörtchen „und" großschreiben. „Ost und West": Erinnerung an eine deutsche Zeitschrift. – In: Stuttgarter Zeitung. Stuttgart. 23.1.1980, S. 27.

Müller, Thorsten: Ost und West: Der Akzent liegt auf dem „Und". – In: Deutsches Allgemeines Sonntagsblatt. Hamburg. 3.2.1980, S. 32.

Pross, Harry: Ost und West. [Rundfunkmanuskript.] Radio Bremen. 15.2.1980.

Regensburger, Marianne: Grenzgänger – Zur Geschichte der Zeitschrift „Ost und West". [Rundfunkmanuskript.] RIAS Berlin. 19./20.3.1980.

Borkowski, Dieter: Brückenschlag mit Zeitzünder. Zum Nachdruck der deutschen Zeitschrift *Ost und West*. – In: Criticón. München 10 (1980) 59, S. 144-146.

Walter, Hans-Albert: Vergeblicher Brückenschlag zwischen „Ost und West". Alfred Kantorowicz und seine Nachkriegszeitschrift. – In: Frankfurter Rundschau. Frankfurt/Main. 2.8.1980, Zeit und Bild, S. 2.

Irro, Werner: Unsere Konsequenz war das Niemandsland. Alfred Kantorowicz und seine Zeitschrift „Ost und West": Ein Versuch vor 35 Jahren. – In: Frankfurter Rundschau. Frankfurt/Main. 12.1.1985, Zeit und Bild, S. 3.

M'Barakou Touré, Miriam: Der Beitrag der Zeitschriften „Aufbau", „Ost und West" und „Heute und Morgen" zur antifaschistisch-demokratischen Umgestaltung im östlichen Teil Deutschlands zwischen 1945 und 1949. Phil. Diss. A, Leipzig 1986. 143 S.

Athenäum Verlag: Vorbemerkung zum Nachdruck der Zeitschrift *Ost und West*. – In: Ost und West. Vollständiger Nachdruck der Jahrgänge 1947-1949. Königstein/Taunus: Athenäum Verlag 1979, Bd. 1, Beilage S. [1]-[4].

Heukenkamp, Ursula: „Der Gegenwart verpflichtet und für die Zukunft bauend ..." Junge Literatur in der Sowjetischen Besatzungszone. – In: Literatur in der DDR. Rückblicke. Hrsg. v. Heinz Ludwig Arnold und Frauke Meyer-Gosau. (Text und Kritik. Sonderband 1991.) S. 23-33.

Titelverzeichnis

Ost *und* West
Berlin
Jg. 1-3. 1947-1949

Untertitel:
Beiträge zu kulturellen und politischen Fragen der Zeit

Herausgeber:
Alfred Kantorowicz

Chefredakteur:
Maximilian Scheer [Jg. 1, H. 5 - Jg. 3, H. 9]

1. Jahrgang. 1947

Heft 1
Juli 1947

1	II	Zu unseren Beiträgen. [Über einzelne Beiträge und deren Autoren. Hinweise auf 4, 6, 8, 15, 3, 16, 20 und 21]
	II	[Impressum]
	1	[Innentitel]
	1-2	Inhaltsverzeichnis
	2	[Impressum]
2	3-8	*Der Herausgeber* [d.i. *Kantorowicz*, Alfred]: Einführung. [Über die Zeitschrift „Ost und West". Vgl. 289]
3	9-13	*Schroeder*, Max: Heinrich Mann, der Deutsche. [Mit einer Anmerkung des Herausgebers. Vgl. 1]
4	14-19	*Mann*, Heinrich: Die geistige Lage [in Deutschland]. (Abschnitt aus [dem 7. Kapitel des autobiographischen Buches] „Ein Zeitalter wird besichtigt".) [Vgl. 1]
5	20-21	*A. K.* [d.i. *Kantorowicz*, Alfred]: Georges Bernanos. [Vgl. 6, 21]
6	22-37	*Bernanos*, Georges: Die Retter der Zivilisation. [Über den spanischen Bürgerkrieg auf der Insel Mallorca.] ([Entnommen] seinem Buch „Les grands cimetières sous la lune".) (Aus dem Französischen übertragen von Lilly Franken.) [Vgl. 1, 5, 21]
7	38-39	*M. S.* [d.i. *Schroeder*, Max]: Theodore [Herman Albert] Dreiser. [Vgl. 8]
8	40-46	*Dreiser*, Theodore [Herman Albert]: Reise im Spanien des Bürgerkrieges 1938. [Über den Aufenthalt in Barcelona.] ([Aus einem] Vortrag, den er nach seiner Rückkehr im Kreise seiner Kollegen von der „League of American Writers" gehalten hat. [Aus dem Nachlaß.]) [Enthält die Abschnitte:] Der Krieg und die Menschen/Die entstellte Stadt/Das tägliche Leben/Die echten Eindrücke/Negrin und del Vayo/Ziele und Begrenzungen. (Aus dem Amerikanischen übertragen von Max Schroeder.) [Vgl. 1, 7]
9	47-48	*Ehrenburg*, Ilja [Grigorjewitsch]: Verteidigung der Kultur. (Aus der Reihe seiner Reportagen aus dem republikanischen Spanien.) [Mit einer Vorbemerkung der Redaktion]
10	49-54	*Kantorowicz*, Alfred: Die Glaubenshelden unserer Zeit. [Über die internationalen Brigaden im spanischen Bürgerkrieg]
11	55-57	*A. K.* [d.i. *Kantorowicz*, Alfred]: Carson McCullers. [Vgl. 12]
12	58-63	*McCullers*, Carson: Die Preisverteilung. [Aus dem Roman „The Heart is a lonely Hunter".] (Aus dem Amerikanischen übertragen von E[dith] von Holst.) [Vgl. 11]

13	64-67	*Sergijewski*, I.: Alexander [Alexandrowitsch] Blok
14	68-71	*Blok*, Alexander [Alexandrowitsch]: Gedichte. [Enthält:] 1 <<O, ich will leben, glühend leben>>/2 Auf dem Kulikowofelde/3 <<Den Ruhm, die Taten und den hohen Namen>>/4 <<Gras dicht und hoch bis über den Kopf>>/5 <<Böser Mai mit deinen weißen Nächten!>>. (Deutsch von Maximilian Schlick [!Schick] 2, 3 u[nd] 5 und Alfred Kurella 1 u[nd] 4)
15	72-76	*Brecht*, Bertold [!Bertolt]: Die jüdische Frau. [9. Szene aus „Furcht und Elend des Dritten Reiches". Vgl. 1]
16	77-78	*Birkenfeld*, Günther: Peter Huchel. Porträt eines Dichters. [Vgl. 1]
17	79-84	*Huchel*, Peter: Gedichte. [Enthält:] Sommerabend/Die Sternenreuse/Cap d'Antibes. Geschrieben 1938 für Hans A. Joachim/Zwölf Nächte/Die Schattenchaussee/September
18	85	*A. K.* [d.i. *Kantorowicz*, Alfred]: Franz Schoenberner. [Vgl. 19, 57]
19	86-93	*Schoenberner*, Franz: Aus den Bekenntnissen eines europäischen Intellektuellen. [Erlebnisse aus der Zeit der Räterepublik in München 1918/19. Aus dem Buch „Confessions of a European Intellectual".] (Aus dem Englischen übertragen von E[dith] von Holst.) [Vgl. 18, 57]
20	94-96	*Schultze*, Friedrich: Walther Rathenau zum Gedächtnis. [Vgl. 1]
21	96	*Treuberg*, Friedrich Franz: [Georges] Bernanos auf Mallorca. [Vgl. 1, 5, 6]
	III-IV	[Werbung]

Heft 2

August 1947

22	II	Zu unseren Beiträgen. ([Über] Erzählungen und Berichte ausländischer Schriftsteller […], deren gemeinsames Motiv die Darstellung von Erfahrungen und Erlebnissen ihrer Landsleute unter der deutschen Besetzung [im zweiten Weltkrieg] sind.) [Hinweise auf 26, 25, 28 und 29]
	1	[Innentitel]
	1	Inhaltsverzeichnis
	2	[Impressum]
23	3-6	*Mann*, Thomas: Welt-Zivilisation. [Über das Verhältnis von Individuum und Gesellschaft.] (Im Dezember 1945 [erschienener] Beitrag für die Lagerzeitung des deutschen Kriegsgefangenenlagers Papago-Park in Arizona, USA.) [Mit einer Vorbemerkung der Redaktion]
24	7-21	*Seghers*, Anna: Große Unbekannte. [Erstabdruck der Kurzbiographie über Francisco Miranda. Mit einer Vorbemerkung der Redaktion. Enthält die Abschnitte:] Als Einleitung/Miranda

25   22-44   *Grossmann* [!*Grossman*], Wassilij [Semjonowitsch]: Der alte Lehrer. [Erzählung. Mit einer Vorbemerkung der Redaktion. Vgl. 22]

26   45-55   *Vercors*: Zweifel. [Erzählung. Mit einer Vorbemerkung der Redaktion.] (Aus dem Französischen übertragen von Kurt Stern.) [Vgl. 22]

27   56   *A. K.* [d.i. *Kantorowicz*, Alfred]: Julius Fučik. [Kurzbiographie. Vgl. 28]

28   57-65   *Fučik*, Julius: Tagebuch in der Todeszelle. [Vorabdruck aus „Reportage unter dem Strang geschrieben", Verlag J.H.W. Dietz Nachf., Berlin 1947. Übers. aus dem Tschechischen von Felix Rausch. Enthält die Abschnitte:] Vierundzwanzig Stunden/Das „Kino". [Vgl. 22, 27]

29   66-69   *Maltz*, Albert: Der Kauf. ([Aus dem] Roman „The Cross and the Arrow".) [Mit einer Vorbemerkung der Redaktion.] (Aus dem Englischen von Ilse Simone.) [Vgl. 22]

30   70-75   *A. K.* [d.i. *Kantorowicz*, Alfred]: Rudolf Leonhard. [Vgl. 31]

31   76-82   *Leonhard*, Rudolf: Lagerchronik in Versen. [Enthält:] Nahrung/Lagerstraße/Kindisch/ Der Wald/Gerüchte/Besichtigung/Diskussion/Das erste Paket/Ereignisse/Meine Frau. [Gedichte aus dem Lager Vernet in den Pyrenäen. Vgl. 30]

32   83-85   *Olden*, Balder: Mir wäre nichts besonderes passiert. [Über die Emigration des Schriftstellers 1933. Mit einer Vorbemerkung der Redaktion]

33   86-91   *Olden*, Balder: Aufstieg. [Autobiographische Skizze. Episoden aus der Jugend des Schriftstellers]

               34-35: Marginalien

34   92   [„ *Ost und West*", Berlin, *Redaktion*]: Lassen Sie Ihren Nachbarn mitlesen. [Bitte an die Leser, „Ost und West" an interessierte Freunde und Bekannte auszuleihen]

35   92,94,96   *A. K.* [d.i. *Kantorowicz*, Alfred]: Die große Chance der deutschen Verleger. [Überlegungen zur deutschen Buchproduktion aus Anlaß des herausgegebenen Kataloges der Berliner Verleger- und Buchhändler-Vereinigung über die in Deutschland seit dem Ende des Krieges verlegten Bücher und Broschüren. Vgl. 76]

          93   [Werbung]

          94   [Werbung]

          95   [Werbung]

          96   [Werbung]

          III-IV   [Werbung]

Heft 3

September 1947

36   II   Zu unseren Beiträgen. [Über das Münchener Abkommen 1938. Hinweise auf 39, 41]

	1	[Innentitel]
	1-2	Inhaltsverzeichnis
	2	[Impressum]
37	3	*Mann,* Heinrich: [Faksimile des Briefes an Alfred Kantorowicz vom 27. Aug. 1947, Los Angeles 36, Calif. Anerkennende Zuschrift über die Herausgabe der Zeitschrift „Ost und West"]
38	4-6	*Wolf,* Friedrich: Jean-Richard Bloch
39	7-28	*Bloch,* Jean-Richard: München und die Folgen. ([Die] Analyse der Kapitulation von München wurde im Spätherbst 1938 oder frühen Winter 1939 geschrieben.) [Mit einer Vorbemerkung der Redaktion.] (Aus dem Französischen von Alfred Kurella.) [Vgl. 36]
40	29-30	*A. K.* [d.i. *Kantorowicz,* Alfred]: William L[awrence] Shirer. [Vgl. 41]
41	31-46	*Shirer,* William L[awrence]: Septemberkrise. [Über die Sudetendeutschen in der Tschechoslowakei und über die Vorgeschichte des Münchener Abkommens 1938. Auszüge aus „Berlin Diary" („Berliner Tagebuch") vom 4. August bis 30. September 1938. Enthält die Abschnitte:] Prag, 4. August/Prag, 24. August/Berlin, 25. August/Genf, 9. September/Prag, 10. September/Prag, 11. September/Prag, 12. September/Prag, 13./14. September/Prag, 14. September <morgens>/abends.- /Prag, 15. September/Später.-/Prag, 16. September/Später.-/Prag, 18. September/Später.-/Godesberg, 22. September/Godesberg, 23./24. September, 4 Uhr früh/Berlin, 24. September/Berlin, 26. September/Berlin, 27. September/Berlin, 28. September/München, 30. September/Später. (Aus dem Amerikanischen von Ursula Langner.) [Vgl. 36, 40]
42	47-50	*Čapek,* Karel: Zum Lobe der tschechischen Sprache. [Mit einer Vorbemerkung der Redaktion.] (Aus dem Tschechischen von Ferdinand Deml)
		43-49: Tschechische Lyrik
43	51	*Seifert,* Jaroslav: Die Barrikade aus erblühten Kastanienbäumen. [Gedicht.] (Aus dem Tschechischen [von] Hugo Siebenschein)
44	52	*Bezruč,* Petr: Ostrau. [Gedicht.] (Aus dem Tschechischen [von] Rudolf Fuchs)
45	53	*Březina,* Otokar: Meine Mutter. [Gedicht.] (Aus dem Tschechischen [von] Rudolf Fuchs)
46	54	*Sova,* Antonín: Helle Nacht. [Gedicht.] (Aus dem Tschechischen [von] Rudolf Fuchs]
47	55	*Fischer,* Otokar: Gang vom Friedhof. [Gedicht.] (Aus dem Tschechischen [von] Rudolf Fuchs)
48	56	*Hora,* Josef: Vaterland. [Gedicht.] (Aus dem Tschechischen [von] F[ranz] C[arl] Weisskopf [!Weiskopf])
49	57-58	*Toman,* Karel: Bestattung. [Gedicht.] (Aus dem Tschechischen [von] B...)

26

50	59-66	*Strindberg*, August: Walpurgisnacht auf Heiterbucht. [Dramatisches Fragment aus dem Nachlaß von August Strindberg. War als eine Fortsetzung von „Traumspiel" konzipiert. Übersetzt von Emil Schering. Mit einer Vorbemerkung der Redaktion]
51	67-68	*Jhering*, Herbert: Alexander Granach. [Vgl. 52]
52	69-82	*Granach*, Alexander: Debut bei Max Reinhardt. [Über die Schauspielschule des Deutschen Theaters, Berlin.] (Entnommen dem deutschen Manuskript des […] autobiographischen Buches „… da geht ein Mensch", das in englischer Übersetzung unter dem Titel „… there goes an actor" einen beachtlichen literarischen Erfolg in Amerika errungen hat.) [Vgl. 51]
53	83-86	*Bloch*, Ernst: Programm der Jugendbewegung. [Über die bürgerliche deutsche Jugendbewegung. Studie aus dem Band „Freiheit und Ordnung". Mit einer Vorbemerkung der Redaktion]
		54-57: Marginalien
54	87-91	*Oestreich*, Paul: Die Aufgaben der deutschen Lehrer. [Mit einer Vorbemerkung der Redaktion]
55	91-92	*Drews*, Richard: Dank an Rudolf Leonhard
56	93-94	*A. K.* [d.i. *Kantorowicz*, Alfred]: Gruß an den 1. Deutschen Schriftsteller-Kongreß
	93	[Werbung]
	94	[Werbung]
57	94-96	*A. K.* [d.i. *Kantorowicz*, Alfred]: Franz Schoenberners Überraschung. [Stellungnahme Alfred Kantorowicz' zum Protest Franz Schoenberners gegen den Abdruck des Auszuges aus seinem Buch „Confessions of a European Intellectual". Vgl. 18, 19]
	95	[Werbung]
	96	[Werbung]
	III-IV	[Werbung]

Heft 4

Oktober 1947

58	II	Zu unseren Beiträgen. [Über den 1. deutschen Schriftstellerkongreß. Hinweise auf 63, 68, 66, 69, 65, 61, 70, 72 und 62]
	1	[Innentitel]
	1-2	Inhaltsverzeichnis
	2	[Impressum]
59	3	*Bismarck*, Otto Fürst von: Vorurteilsfreiheit … (Aus einem Brief Bismarcks an General [Leopold] von Gerlach vom 11. Mai 1857)
60	4-5	*M-n S.* [d.i. *Scheer*, Maximilian]: Howard K. Smith. [Vgl. 61]

61   6-23   *Smith*, Howard K.: Dr. Dietrich geht aufs Ganze. [Über die faschistische deutsche Propaganda im zweiten Weltkrieg. Auszug aus dem Buch „Last Train From Berlin".] (Aus dem Amerikanischen von Helga Rothe.) [Vgl. 58, 60]

62   24   *Huchel*, Peter: Oktoberlicht. [Gedicht. Vgl. 58]

63-69: Vom ersten deutschen Schriftstellerkongreß

63   25-26, 28   *Huch*, Ricarda: Begrüßung. [Die ohne Konzept gehaltene Begrüßungsrede auf dem 1. deutschen Schriftstellerkongreß in Berlin wurde für die Zeitschrift „Ost und West" handschriftlich neu formuliert. Vgl. 58, 64, 572]

64   27   *Huch*, Ricarda: [Faksimile des Beginns der handschriftlich neu formulierten Begrüßungsrede auf dem 1. deutschen Schriftstellerkongreß in Berlin. Mit einer Vorbemerkung der Redaktion. Vgl. 63]

65   29-35   *Weisenborn*, Günther: Tod und Hoffnung. [Rede über die gesellschaftliche Verantwortung der deutschen Schriftsteller auf dem 1. deutschen Schriftstellerkongreß in Berlin. Vgl. 58]

66   36-41   *Langgässer*, Elisabeth: Schriftsteller unter der Hitler-Diktatur. [Über Schriftsteller in Deutschland in der Zeit des Faschismus. Rede auf dem 1. deutschen Schriftstellerkongreß in Berlin. Vgl. 58]

67   42-51   *Kantorowicz*, Alfred: Deutsche Schriftsteller im Exil. [Rede auf dem 1. deutschen Schriftstellerkongreß in Berlin]

68   52-58   *Eggebrecht*, Axel: Kritik und Verbindlichkeit. [Über die gesellschaftliche Verantwortung des Schriftstellers. Rede auf dem 1. deutschen Schriftstellerkongreß in Berlin. Mit einer Vorbemerkung der Redaktion. Vgl. 58, 179]

69   59-61   *Süskind*, W[ilhelm] E[manuel]: Wort des Dankes. [Danksagung an den 1. deutschen Schriftstellerkongreß in Berlin. Mit einer Vorbemerkung der Redaktion. Vgl. 58, 91]

70   62-75   *Turgenjew*, Iwan [Sergejewitsch]: Hamlet und Don Quixote. [Über William Shakespeares „Hamlet" und Miguel de Cervantes' „Don Quijote". Mit einer Vorbemerkung der Redaktion.] (Aus dem Russischen von Luise Hohorst.) [Vgl. 58]

71   76-77   *Schröder* [!*Schroeder*], Max: Egon Erwin Kisch

72   78-86   *Kisch*, Egon Erwin: Die unabsehbaren Konsequenzen. [Auszug aus dem noch nicht veröffentlichten Werk „Marktplatz der Sensationen". Vgl. 58]

73-74: Marginalien

73   87   *-r.* [d.i. *Zivier*, Georg]: Hans Nowak fünfzig Jahre

74   88-91   *A. K.* [d.i. *Kantorowicz*, Alfred]: Wo bleibt die junge deutsche Dichtung? [Vgl. 75]

75-76: Ost- und West-Leser schreiben

75   92-93   *Baumert*, Gerhart: [Brief an Alfred Kantorowicz zum Thema: Wo bleibt die junge deutsche Dichtung? Vgl. 74]

76   94-95   *Hoppenz*, Kurt: [Brief an die Redaktion der Zeitschrift „Ost und West" zum Beitrag von Alfred Kantorowicz: „Die große Chance der deutschen Verleger". Vgl. 35]

94		[Werbung]
95		[Werbung]
95		[Hinweis auf Generalvertretungen und Druck der Zeitschrift]
96		[Werbung]
III-IV		[Werbung]

Heft 5

November 1947

[Hefttitel:] Die verlorene Chance. Rudolf Olden. Weitere Beiträge von John Reed, Maxim Gorki, de Mendelssohn, Erich Weinert, Groll, Luft, Scheer, Arnold Zweig

77	II	Zu unseren Beiträgen. [Über die Novemberrevolution 1918 in Deutschland und die Oktoberrevolution 1917 in Rußland. Hinweise auf 80, 81, 82, 84, 88, 89, 87, 90 und 86]
	1	[Innentitel]
	1-2	Inhaltsverzeichnis
	2	[Impressum]
78	3	*Roosevelt,* Franklin Delano: Welt-Friede. (Aus seiner letzten Botschaft an den amerikanischen Kongreß, 1. März 1945)
79	4-5	*M-n S.* [d.i. *Scheer,* Maximilian]: Rudolf Olden. [Vgl. 80]
80	6-16	*Olden,* Rudolf: Die verlorene Chance. [Kapitel aus seinem letzten Buch „History of German Liberalism" über die Novemberrevolution 1918 und die Weimarer Republik.] (Aus dem Englischen von Edith von Holst.) [Vgl. 77, 79]
81	17-31	*Reed,* John: Zehn Tage, die die Welt erschütterten. [Auszug aus dem gleichnamigen Buch über die Oktoberrevolution. Mit einer Vorbemerkung der Redaktion.] (Aus dem Amerikanischen von K.W. Ellis.) [Vgl. 77]
82	32-40	*Gorki,* Maxim: Wladimir [Iljitsch] Lenin. (Aus dem Russischen von Erich Böhme.) [Vgl. 77]
83	41-42	*Weinert,* Erich: Eugène Pottier. [Mit einer Vorbemerkung der Redaktion. Vgl. 84]
84	43-50	*Pottier,* Eugène: Gedichte. [Enthält:] Juni 1848/Der Aufzug des Kaiserreiches. Januar 1852/Arbeitslos/Es hat sich nichts verändert! 1880. (Ins Deutsche übertragen von Erich Weinert.) [Vgl. 77, 83]
85	51-53	*A. K.* [d.i. *Kantorowicz,* Alfred]: Maximilian Scheer. [Vgl. 86]
86	54-67	*Scheer,* Maximilian: Alltag in Amerika. (Kurze Szenen [über] Begegnungen im Alltag von Amerika.) [Enthält die Abschnitte:] Die Behörde hat immer recht/Peggy/Der Magnet/In Kolumbus' Schatten/Tanz der Geschlechter/Land, Land! [Vgl. 77, 85]

87	68-71	*Zweig,* Arnold: Krieg und Kriegsfolgen. (Auszüge aus der Rede Arnold Zweigs auf der Kundgebung des SDS [Schutzverband Deutscher Schriftsteller] in Berlin am 18. Juni 1932 anläßlich der Wiederkehr des Tages von Serajewo [!Sarajevo].) [Mit einer Vorbemerkung der Redaktion. Vgl. 77]
88	72-86	*Mendelssohn,* Peter de: Jean Giono, das Problem des „Dummen Genies". [Studie über den französischen Schriftsteller. Mit einer Vorbemerkung der Redaktion. Vgl. 77]
		89: Das Freie Buch
89	87-88	*Luft,* Friedrich: Heinrich Mann: Ein Zeitalter wird besichtigt, [Aufbau-Verlag, Berlin 1947. Rez. Vgl. 77, 154]
		90-91: Marginalien
90	89-90	*Groll,* Gunter: Münchener Epilog zum 1. Deutschen Schriftstellerkongreß. Wir gehören zusammen. (Aus einer in München gehaltenen Rede [zur Bedeutung des 1. deutschen Schriftstellerkongresses in Berlin].) [Vgl. 77]
91	91	*Süskind,* W[ilhelm] E[manuel]: Wort des Dankes. [Ergänzung zur Danksagung an den 1. deutschen Schriftstellerkongreß in Berlin. Brief an die Zeitschrift „Ost und West", Redaktion. Vgl. 69]
		92-93: Ost- und West-Leser schreiben
92	91-92	*Ebert,* Günter: [Brief an Alfred Kantorowicz zur Rubrik „Marginalien" in der Zeitschrift „Ost und West". Vgl. 93, 156]
93	92-95	*Kantorowicz,* Alfred: [Antwortbrief an Günter Ebert über dessen Einwände zur Rubrik „Marginalien" in der Zeitschrift „Ost und West". Vgl. 92]
	94	[Hinweis auf Generalvertretungen und Druck der Zeitschrift.]
	95-96	[Werbung]
	III-IV	[Werbung]

Heft 6

Dezember 1947

[Hefttitel:] Die Jeffersonbibel – Christentum – Marxismus

94	II	Zu unseren Beiträgen. ([Über die] Besinnung auf einen neuen realen Humanismus.) [Hinweise auf 107, 95, 97, 99, 98, 101, 102, 104, 106, 108, 109, 110 und 112]
	1	[Innentitel]
	1-2	Inhaltsverzeichnis
	2	[Impressum]
95	3	*Lessing,* Theodor: Deutschlands wahre Geschichte. [Auszug aus:] („Hindenburg", 1925.) [Vgl. 94]
96	4-6	*M-n S.* [d.i. *Scheer,* Maximilian]: Thomas Jefferson. [Vgl. 97]

97   7-14   *Jefferson*, Thomas: Das Leben Jesu [von Nazareth]. (Auszüge aus der „Jefferson Bible".) (Deutsch von Martin Luther.) [Vgl. 94, 96]

98   15-19   *Zimmermann*, Wolf-Dieter: Revolutionäre Kräfte in der evangelischen Kirche? ([Über] die Ideen und die Tätigkeit des Kreises „Unterwegs" [der Bekennenden Kirche Deutschlands].) [Mit einer Vorbemerkung der Redaktion. Vgl. 94, 99]

99   20-28   *Miller*, Alexander: Ein Christ sagt Ja zu Karl Marx. [Auszüge aus dem Buch „The Christian Significance of Karl Marx" des neuseeländischen Pfarrers. Enthält die Abschnitte:] Idealismus und Materialismus/Voraussetzungen: der Dualismus der Bibel/Christentum und Klassenkampf/Der Wert der dialektischen Methode/Der Marxismus als Predigtsprache/Die Solidarität des Christen mit der Gesellschaft/Rechter Staat und Klassenstaat/Verantwortung. (Aus dem Englischen von Werner Koch.) [Vgl. 94, 98, 176]

100   29-32   *A. K.* [d.i. *Kantorowicz*, Alfred]: Ferdinand Bruckner. [Vgl. 101]

101   33-41   *Bruckner*, Ferdinand: Denn seine Zeit ist kurz. Scene 6: Bei Vossevangen. (Szene aus dem Kirchenkampfstück.) [Vgl. 94, 100]

102   42-52   *Katajew*, Valentin [Petrowitsch]: Vater Unser. [Erzählung. Mit einer Vorbemerkung der Redaktion.] (Aus dem Russischen von Maximilian Schick.) [Vgl. 94]

103   53-54   *Claudius*, Eduard: Jacques Roumain. [Vgl. 104]

104   55-63   *Roumain*, Jacques: Der Herr über den Tau. [Auszug aus dem gleichnamigen Roman.] (Aus dem Französischen von Kossak.) [Vgl. 94, 103, 134, 176]

105   64   *Drews*, Richard: Besinnliches. [Aphorismen zur Freiheit, Politik, zum Nihilismus und zur Abtragung von Vorurteilen]

106   65-68   *Heine*, Heinrich: Selbstporträt. (Aus „Ideen. Das Buch Le Grand", 1826.) [Mit einem Hinweis der Redaktion auf den 150. Geburtstag des Dichters. Vgl. 94]

107   69-87   *Campe*, Helmuth [!Helmut; d.i. *Kantorowicz*, Alfred]: Der Sohn des Bürgers. [Roman. Enthält die Abschnitte:] Erstes Buch. Kapitel I. „Hier irrt Goethe ..."/Direktor Bolter: Ein deutscher Demokrat/Kapitel II. Unter den Linden/Die Redaktion der „Chronik"/Bücherverteilung. (Der Abdruck des Romans [...] wird [...] fortgesetzt.) [Vgl. 94]
                108: Marginalien

108   88-89   *Kantorowicz*, Alfred: [Brief an Alfred Kerr zum 80. Geburtstag. Vgl. 94]
                109: Das Freie Buch

109   90-91   *Scheer*, Maximilian: Anna Seghers: „Die Rettung", [Roman, Aufbau-Verlag, Berlin 1947. Rez. Vgl. 94]

110   92-93   Sichtung der Neuerscheinungen. [12 Titel. Vgl. 94]

	93	[Werbung]
		111-112: Ost- und West-Leser schreiben
111	94-95	*Weidenmüller,* Gerhard: Ein Achtzehnjähriger zur „Jungen Lyrik". [Brief an die Redaktion der Zeitschrift „Ost und West"]
112	95-96	Für und Wider aus West und Ost. [Auszüge aus 13 Briefen an die Redaktion der Zeitschrift „Ost und West" zur Herausgabe der Zeitschrift. Vgl. 94]
	96	[Hinweis der Redaktion auf das Inhaltsverzeichnis des Jahrgangs 1947 und dessen Bezug]
	96	[Hinweis auf Generalvertretungen und Druck der Zeitschrift]
	III-IV	[Werbung]
	[1]-[4]	[Inhaltsverzeichnis des Jahrgangs 1947 und Autorenverzeichnis]

2. Jahrgang. 1948

Heft 1

Januar 1948

[Hefttitel:] Das deutsche Schicksalsjahr 48

113	II	Zu unseren Beiträgen. [Über die bürgerlich-demokratische Revolution in Deutschland 1848 und Hinweise auf 119, 116, 117, 120, 121, 122, 125, 128, 123, 124]
	1	[Innentitel]
	1-2	Inhaltsverzeichnis
	2	[Impressum]
		114: Vor hundert Jahren
114	3-4	*Freiligrath,* Ferdinand: [Auszug aus einem Brief vom 31.10.1844 an Karl Heuberger. Faksimile. Vgl. 116, 117]
115	5-6	*Der Herausgeber* [d.i. *Kantorowicz,* Alfred]: Das deutsche Schicksalsjahr 48. [Über die revolutionären Ereignisse des Jahres 1848 in Deutschland]
116	7-11	*Hartmann,* Hans: Ferdinand Freiligrath in unveröffentlichten Briefen. [Vgl. 113, 117]
117	12-25	*Freiligrath,* Ferdinand: Briefe. [16 Briefe an den Landrat Karl Heuberger in St. Goar. Enthält die Briefe:] St. Goar, 12. Aug. [18]42/Am Tage Aller Heiligen 1842/St. Goar, 8. Nov. [18]42/11.1.[18]43/31. Jan. 1843/St.G. 3/2. [18]43/St. Goar, 27. Mai [18]43/14. Juni 1844/St. G. am Gallustage 1843/Brüssel, Rue du Pachéco, Nr. 35, 31. Oct. 1844/Rue du Pachéco, 35, 1. Dezbr. [18]44/35 Rue du Pachéco, 23.1.[18]45/Meyenburg bei Rapperschwyl am Züricher See, 19. April 1845/Zürich, 23. Dez. 1845/Zürich, 7. Mai 1846/Zürich, 14. Juli 1846. [Vgl. 113, 116]

118   26-27   [*Studenten, Wartburg*]: Aufruf an die Nationalversammlung. [Über die Forderungen der Studenten an eine Verfassung Deutschlands.] (Wartburg, am 13. Juni 1848. Überreicht durch Arnold Ruge. Unterschrieben von 170 Studenten)

119   28   *Hecker,* Friedrich [Franz Karl]: P. P. [Über die bürgerlich-demokratische Revolution in Deutschland.] (Aus: Aufruf für die Republik 1848.) [Vgl. 113]

120   29-32   *Kaiser,* Bruno: Georg Weerth. [Vgl. 113]

121   33-41   *Weerth,* Georg: Aus seinen Werken. [Enthält:] Aus dem Tagebuch eines Heulers/Aus: „Leben und Taten des berühmten Ritters Schnapphahnski"/Heute morgen fuhr ich nach Düsseldorf. [Gedicht. Vgl. 113]

122   42-43   *Tucholsky,* Kurt: Achtundvierzig. (Geschrieben 1918.) [Gedicht. Vgl. 113]

123   44-46   *Schröder* [!*Schroeder*], Max: Berthold Viertel. [Vgl. 113, 124]

124   47-51   *Viertel,* Berthold: Gedichte. [Enthält:] Traum/Der Regenbogen/Der Klavierstimmer/Wo immer .../Glück der Gemeinschaft. [Vgl. 113, 123]

125   52-61   *Andersen Nexö,* Martin: Dichter des Alltags. (Kapitel aus seinen bisher unveröffentlichten Erinnerungen [über seinen Werdegang zum Schriftsteller].) [Mit einer Vorbemerkung der Redaktion. Vgl. 113]

126   62-66   *Scheer,* Maximilian: Berliner Mosaik. [Über Alltagserlebnisse von Menschen in Berlin nach 1945 und über die geistige Bewältigung der faschistischen Vergangenheit]

127   67-69   *Sollertinskij,* I[wan] I[wanowitsch]: Das ethische Prinzip in der russischen Musik. (Aus dem Russischen von A[lfred] E[dgar] Thoss)

128   70-87   *Campe,* Helmut [d.i. *Kantorowicz,* Alfred]: Der Sohn des Bürgers. [Roman.] <1. Fortsetzung.> [Mit einer Vorbemerkung der Redaktion. Enthält die Abschnitte:] Ein Glückskind/Gerda Rebner/Das sachliche Mädchen/Kapitel III. Martin Freymuth/Das Dritte Reich in Nuce/Wunschträume. <Der Roman […] wird […] fortgesetzt.> [Vgl. 113]
       129: Marginalien

129   88-89   *Gebeschus,* Rolfkurt: Der Lagerführer. [Über von Pflugk-Harttung in einem Kriegsgefangenenlager in Arizona, USA]
       130: Das Freie Buch

130   90-91   *Pohl,* Gerhart: „Einfach ein guter Mensch ..." Zu [Wladimir Galaktionowitsch] Korolenkos „Geschichte meines Zeitgenossen". (J.H.W. Dietz Nachf., Berlin [1947].) [Rez.]

       91   [Hinweis auf Generalvertretungen der Zeitschrift]
       131-133: Ost- und West-Leser schreiben

131   92   *Zweig,* Arnold: [Brief aus Haifa, Palästina, an die Redaktion der Zeitschrift „Ost und West" zum Erhalt von Exemplaren der Zeitschrift. Vgl. 326]

132   92   *Wilden*, B.: [Brief an die Redaktion der Zeitschrift „Ost
                und West" über Ursachen der Passivität deutscher Ju-
                gendlicher in der Nachkriegszeit]
133   92-93   *Giordano*, Ralph: [Brief an die Redaktion der Zeitschrift
                „Ost und West" über Beiträge in der Zeitschrift]
       93-96   [Werbung]
       III   [Werbung]
       IV   Aus dem Inhalt dieses Heftes

Heft 2

Februar 1948

[Hefttitel:] An Rhein und Ruhr. Suchende Jugend

134   II   Zu unseren Beiträgen. [Über drei Stationen deutscher Ge-
              schichte: 1848, 1933 und 1948.   Hinweise   auf 137,
              143, 144, 145, 146, 148, 150 und 104]
       1   [Innentitel]
       1-2   Inhaltsverzeichnis
       2   [Impressum]
              135: Vor hundert Jahren
135   3   *Herwegh*, Georg: Die Freiheit. [Zwei Aussprüche]
136   4-6   *Kaiser*, Bruno: Georg Herwegh 1848
137   7-13   *Herwegh*, Georg: Gedichte, Prosa, Aphorismen. [Ent-
              hält:] Die Deutschen. Eine Vision. <1843>/Das Reden
              nimmt kein End'. 1848/Es sitzen die Schuster. 1859/Im-
              mer stärker. 1874. [Gedichte]/Adresse an das französische
              Volk. 1848/Aufruf an die polnischen Demokraten. Paris
              1848/Zum Tode von Robert Blum. Paris, 20. Nov.
              1848/Aphorismen aus den Jahren 1843-1849. [Vgl. 134]
              138-143: Vor hundert Jahren. [Dokumente, Aufrufe,
              Manifeste aus der bürgerlich-demokratischen Revolu-
              tion in Deutschland 1848]
138   14   [*Magistrat und Stadtverordnete von Berlin*]: Bekanntma-
              chung. [Über ein feierliches Begräbnis für die Märzgefal-
              lenen.] (Berlin, den 20. März 1848)
139   14   [*Studenten, Berlin*]: Die Studenten an das Volk. [Aufruf
              zur Ehrung der für die Freiheit Gefallenen.] (Berlin, 1.
              Juni 1848)
140   15   [*Constitutioneller Club, Berlin*]: Volk von Berlin! [Aufruf
              an das Volk, unerschütterlich an der Nationalversamm-
              lung festzuhalten.] (Berlin, den 10. November 1848)
141   16   [*Bataillon der Bürgerwehr, 9., Berlin*]: Verleumdungen
              des Volkes. [Über angebliche Vergiftung von einquartier-
              ten Soldaten bei Berliner Bürgern. Aufruf an die Solda-
              ten.] (Berlin, den 14. November 1848)
142   17   [*National-Versammlung, Berlin*]: [Beschluß über die
              Nichtberechtigung des Ministeriums Brandenburg, über
              die Staatsgelder zu verfügen und die Steuern zu erheben.]
              (Berlin, den 15. November 1848)

143   17   *Marx*, Karl; *Engels*, Friedrich: Ein Gespenst geht um in
              Europa. ([Auszug] aus dem im Februar 1848 [...] in Lon-
              don veröffentlichten „Manifest der Kommunistischen
              Partei".) [Vgl. 134]
144   18-21   *Herzen*, Alexander [Iwanowitsch]: Epilog [zu 1848]. (Fazit
              seiner Beobachtungen und Studien in Deutschland.) [Ent-
              hält die Abschnitte:] (Aus: Erinnerungen. Übersetzt von
              Pichler)/(Aus: Mein Lebewohl. Übersetzt von Georg Her-
              wegh.) [Mit einer Vorbemerkung der Redaktion. Vgl. 134]
145   22-25   *Kantorowicz*, Alfred: Wie [Adolf] Hitler zur Macht kam.
              [Aufführung von Fakten, die Adolf Hitlers Aufstieg in den
              letzten Monaten der Weimarer Republik belegen. Vgl. 134]
146   26-36   *Scheer*, Maximilian: An Rhein und Ruhr. [Enthält die
              Abschnitte:] Hunger/Das Dorf/Die kleine Stadt/Schwarz
              ist Trumpf. [Reportage über das Leben in der Nachkriegs-
              zeit in Köln und Umgebung.] (Ein zweiter Artikel wird
              [...] veröffentlicht werden.) [Vgl. 134, 287]
              147-148: Existentialismus. Für und Wider. [Mit einer
              Vorbemerkung der Redaktion]
147   37-42   *Schacht*, Roland: [Zur Verteidigung des Existentialismus
              durch Jean-Paul Sartre. Vgl. 261, 315]
148   42-49   *Angrand*, Cécile: [Über den Existentialismus in Frank-
              reich und zu Werken von Jean-Paul Sartre. Enthält die
              Abschnitte:] Existentialismus macht Reklame/Zurück
              zum Idealismus/Anti-Marxismus/Eine anti-demokrati-
              sche Philosophie. (Aus dem Französischen von Arthur
              Braun.) [Vgl. 134, 261, 315]
149   50   *Hermlin*, Stephan: Jean Cassou. [Kurzbiographie. Vgl.
              150]
150   51-65   *Cassou*, Jean: Erste Liebe. (Novelle aus [dem] Geschich-
              tenband „Les Enfants sans Age".) [Vgl. 134, 149]
151   66-84   *Campe*, Helmut [d.i. *Kantorowicz*, Alfred]: Der Sohn des
              Bürgers. [Roman.] <2. Fortsetzung.> [Mit einer Vorbe-
              merkung der Redaktion. Enthält die Abschnitte:] Kapitel
              IV. Pariser Ouvertüre/Kapitel V. Jugenderinnerun-
              gen/Der Schandfleck der Korporalschaft/Abschied von
              der Mutter. (Der Roman [...] wird [...] fortgesetzt)
              152-153: Marginalien
152   85-87   *Fuchs*, Käte: [Brief an Alfred Kantorowicz über Probleme
              der deutschen Jugend. Vgl. 153, 236]
153   87-91   *Kantorowicz*, Alfred: [Antwortbrief an Käte Fuchs. Vgl.
              152, 236]
      91   [Werbung]
              154-157: Ost- und West-Leser schreiben
154   92   *Mann*, Heinrich: [Brief aus Los Angeles, USA, an die
              Redaktion der Zeitschrift „Ost und West" zur Bespre-
              chung seines Werkes „Ein Zeitalter wird besichtigt" durch
              Friedrich Luft in „Ost und West". Vgl. 89]
155   92   *Boehme*, Albrecht: [Brief an die Redaktion der Zeitschrift
              „Ost und West" zum Inhalt der Hefte]

156	92	*Reinhardt,* Ludwig: [Brief an die Redaktion der Zeitschrift „Ost und West" zum Inhalt der Hefte, u.a. eingehend auf die Zuschrift von Ebert. Vgl. 92]
	92	[Hinweis der Redaktion auf das Inhaltsverzeichnis des Jahrgangs 1947 und den Sonderdruck der bisher erschienenen Kapitel des Romans „Der Sohn des Bürgers" von Helmut Campe]
	93	[Werbung]
	94	[Werbung]
157	94-95	*Pollatschek,* Walter [!Walther]: [Brief aus Frankfurt/Main an die Redaktion der Zeitschrift „Ost und West" mit Auszügen aus dem Referat über die deutsche Einheit, das er bei einer öffentlichen Kundgebung anläßlich der Frankfurter Tagung der deutschen Schriftstellerverbände gehalten hatte]
	95	[Werbung]
	95	[Hinweis auf Generalvertretungen der Zeitschrift]
	96	[Werbung]
	III-IV	[Werbung]

Heft 3

März 1948

[Hefttitel:] Haiti. Indien. Spanien. Beiträge von Anna Seghers. Walter v. Molo. Garcia Lorca

158	II	Zu unseren Beiträgen. [Über die Sehnsucht der Menschen nach Freisein und über ihren Kampf für die Freiheit. Hinweise auf 167, 161, 168, 165, 159, 160, 164, 166, 171, 169, 163, 170, 162]
	1	[Innentitel]
	1-2	Inhaltsverzeichnis
	2	[Impressum]
159	3	*Gorki,* Maxim: Der Mensch. ([Worte] Maxim Gorki[s] an seinen deutschen Übersetzer August Scholz [über die Menschlichkeit].)/Faksimile der Schlußworte aus „Der Mensch" mit [Maxim] Gorkis Unterschrift. [In russischer Sprache. Vgl. 158]
160	4	*Gorki,* Maxim: Maxim Gorki an Max Reinhardt. [Brief aus Nishni Nowgorod vom 1.8.1903 mit der Danksagung zur Aufführung seines Stückes „Nachtasyl".] (Aus dem Nachlaß von August Scholz, dem einzigen autorisierten Übersetzer von Maxim Gorki [...] Scholz überbrachte Max Reinhardt Gorkis Brief und übersetzte ihn.) [Vgl. 158]
161	5-16	*Molo,* Walter von: Der tragische Deutsche. [Auszug aus dem Roman „Ein Deutscher ohne Deutschland" über den Nationalökonomen Friedrich List. Vgl. 158, 261]

162	17-24	*Erman*, Hans: Das Lächeln der Lola Montez. [Über den Aufenthalt der Tänzerin Lola Montez in München in den Jahren 1846 bis 1848 und über ihr Verhältnis mit dem König Ludwig I. Vgl. 158]
163	25-30	*Scheer*, Maximilian: Denken an Rhein und Ruhr. [Schilderungen von Alltagserlebnissen in der amerikanischen Besatzungszone Deutschlands. Vgl. 158, 287]
164	31-34	*Pauly*, Charlotte E.: Federico Garcia Lorca. [Vgl. 158]
165	35-41	*Garcia Lorca*, Federico: Gedichte. [Enthält:] Die ungetreue Ehefrau/Die Zigeunernonne/Romanze vom schwarzen Leid/Das Martyrium/Hölle und Gloria. (Aus dem Spanischen von Charlotte E. Pauly.) [Vgl. 158]
166	42	*Quevedo*, J[osé]: Dem Dichter [Federico] Garcia Lorca. [Gedicht.] (Aus dem Spanischen von Erich Weinert.) [Vgl. 158]
167	43-50	*Rama Rau*, Santha: Heimkehr nach Indien. [Alltagseindrücke in Bombay. Auszug aus „Home to India". Mit einer Vorbemerkung der Redaktion.] (Aus dem Englischen von Edith v[on] Holst.) [Vgl. 158]
168	51-64	*Seghers*, Anna: Große Unbekannte. Ein Neger gegen Napoleon. [Über François Dominique Toussaint L'Ouverture. Vgl. 158]
169	65-68	*Kantorowicz*, Alfred: Die schwerste Stunde. März 1918. [Kriegserlebnisse im Ersten Weltkrieg. Vgl. 158, 372]
170	69-85	*Campe*, Helmut [d.i. *Kantorowicz*, Alfred]: Der Sohn des Bürgers. [Roman.] <3. Fortsetzung.> [Enthält die Abschnitte:] Kapitel VI. Ein Mann, der nicht weiß was er will/Selbstbesinnung/Kapitel VII. Glückwunsch zum 30. Geburtstag/Ein schlechter Journalist. (Der Roman [...] wird [...] fortgesetzt.) [Vgl. 158]
		171: Marginalien
171	86-89	*Ihering*, Herbert: [Sergei Michailowitsch] Eisenstein und die Berliner Filmzensur. [Zur Berliner Premiere des Films „Panzerkreuzer Potemkin" im Jahre 1926 und über die Verstümmelung des Films durch die Filmzensur der Weimarer Republik. Mit wesentlichen Auszügen aus der Besprechung des Films von Herbert Jhering im „Berliner Börsencourier" vom 1. Mai 1926. Vgl. 158]
		172: Das Freie Buch
172	89-90	*Mayer*, Hans: Ernst Bloch: „Freiheit und Ordnung. [Abriß der Sozial-Utopien", Aufbau-Verlag, Berlin 1947. Rez. Mit einer Nachbemerkung der Redaktion zur Berufung Ernst Blochs an die Universität Leipzig]
	91	[Werbung]
		173-184: Ost- und West-Leser schreiben
173	92	*Haas*, Willy: [Brief an die Redaktion der Zeitschrift „Ost und West" über seine Exilzeit. Mit einer Nachbemerkung der Redaktion]
174	92	*Haas*, Paul: [Brief an die Redaktion der Zeitschrift „Ost und West" zur jungen Lyrik der Gegenwart. Vgl. 238]

175	92	*Brückmann,* Hans: [Brief an die Redaktion der Zeitschrift „Ost und West" zum Inhalt von Heft 6, 1947]
176	92-93	*Ege,* Friedrich: [Brief aus Helsinki-Lauttasaari an die Redaktion der Zeitschrift „Ost und West" über die Beiträge „Ein Christ sagt Ja zu Karl Marx" von Alexander Miller und „Herr über den Tau" von Jacques Roumain. Vgl. 99, 104]
177	93	*Heidinger,* Werner: [Brief an die Redaktion der Zeitschrift „Ost und West" zum Profil von „Ost und West"]
	93	[Werbung]
178	93-94	*Schaufuß,* Johannes: [Brief an die Redaktion der Zeitschrift „Ost und West" zu den Buchbesprechungen in „Ost und West"]
179	94	*Reuter,* F.: [Brief an die Redaktion der Zeitschrift „Ost und West" zum Beitrag von Axel Eggebrecht. Vgl. 68]
180	94	*Räther,* Helmut: [Brief an die Redaktion der Zeitschrift „Ost und West" zum Profil von „Ost und West"]
	94	[Werbung]
181	95	*Schlichte,* Max: [Brief an die Redaktion der Zeitschrift „Ost und West" über die Zeitschrift „Ost und West". Mit einer Nachbemerkung der Redaktion]
182	95	*Böttcher,* Ingeborg: [Brief an die Redaktion der Zeitschrift „Ost und West" über die Zeitschrift „Ost und West"]
183	95	*Schmidt:* [Brief an die Redaktion der Zeitschrift „Ost und West" zum Erwerb der Zeitschrift]
184	95	*Weisert,* Robert: [Brief an die Redaktion der Zeitschrift „Ost und West" über die Zeitschrift „Ost und West"]
	95	[Werbung]
	95	[Hinweis auf Generalvertretungen der Zeitschrift]
	96	[Werbung]
	III-IV	[Werbung]

Heft 4

April 1948

[Hefttitel:] Not und Fülle. Roosevelt, Wallace, G. Gor, Bruckner, F. Luft, Sternheim

185	II	Zu unseren Beiträgen. [Über Beiträge, die die „Not und Fülle" in den USA widerspiegeln. Hinweise auf 188, 190, 187, 189, 191, 192, 193, 197, 194 und 195]
	1	[Innentitel]
	1-2	Inhaltsverzeichnis
	2	[Impressum]
186	3	*Fichte,* Johann Gottlieb: Die Aufgabe des Schriftstellers
187	4-6	*Perkins,* Frances: Zwei Jahrzehnte mit [Franklin Delano] Roosevelt. [Mit einer Vorbemerkung der Redaktion über die Mitarbeiterin Franklin Delano Roosevelts.] (Aus dem Amerikanischen von Peter Steinbach.) [Vgl. 185]

188	7	*Roosevelt*, Franklin D[elano]: Not und Fülle. [Auszug aus der ersten programmatischen Botschaft des 1933 gewählten Präsidenten der USA. Mit einer Vorbemerkung der Redaktion. Vgl. 185]
189	8-11	*M-n S.* [d.i. *Scheer*, Maximilian]: Henry Wallace. [Vgl. 185, 190]
190	12-20	*Wallace*, Henry: Steht auf und bekennt Euch. [Über die politische Lage. Auszug aus der ersten programmatischen Erklärung des Präsidentschaftskandidaten in den USA. Enthält die Abschnitte:] Der Zweiparteienblock/Unsere Weltpolitik/Unabhängige Aktion/Monopole/Die Dritte Partei/Die kommunistische Frage/Unsere Zukunft. (Aus dem Amerikanischen von K. W. Ellis.) [Vgl. 185, 189]
191	21-30	*Bruckner*, Ferdinand: Negerlieder in Amerika. [Nach einer Einleitung zur Entstehung der Lieder werden Texte von Negerliedern abgedruckt:] Missis Brown hat mir versprochen <nach Sklavenliedern aus der Zeit des Bürgerkrieges>. [Enthält die Abschnitte:] Der Knabe/Der Mann/Abends nach der Baumwoll-Lese/Spirituals: Geh hinunter Moses/Wie du/Ein Neger beim Schuhputzen/Straßenlied. (Nachdichtung von Ferdinand Bruckner.) [Vgl. 185]
192	31-40	*Gor*, Gennadij: Pankoff, ein Kind der Arktis. (Auszug aus einer längeren Erzählung.) [Enthält die Abschnitte:] Sachalin/Fahrt in den Westen/Leningrad/Die Ausstellung/Aus Pankoffs Tagebuch. (Aus dem Russischen von Alix Rohde-Liebenau.) [Vgl. 185]
193	41-48	*Luft*, Friedrich: Wiedersehen mit England. (Bruchstücke aus einem Reisetagebuch.) [Vgl. 185]
194	49-52	*Mühsam*, Erich: Vermächtnis/Gedichte. [Enthält:] <<Angst packt mich an.>>/<<Du, ich soll dich wiederseh'n>>/<<Wir schwiegen nebeneinander her>>/<<Ich sah durch ein hohes, großes Loch>>/<<Warum ich Welt und Menschheit nicht verfluche?>> [Mit einer Vorbemerkung der Redaktion. Vgl. 185]
195	53-56	*Sternheim*, Carl: Querschnitt durch einen Theaterwinter. [Sternheim inszenierte einige seiner Stücke in Dresden, Berlin und Frankfurt/Main im Theaterwinter 1923/24 selbst. Mit einer Vorbemerkung der Redaktion zum Ersterscheinen des Aufsatzes von Sternheim in der Zeitschrift „Querschnitt". Vgl. 185]
196	57-81	*Campe*, Helmut [d.i. *Kantorowicz*, Alfred]: Der Sohn des Bürgers. [Roman.] <4. Fortsetzung.> [Mit einer Vorbemerkung der Redaktion. Enthält die Abschnitte:] Die letzte Szene des Zwischenspiels hebt an/Kapitel VIII. Die Heimkehr/Kapitel IX. Georg Samuel/Kaffee-Klatsch/Zweites Buch. Kapitel 1. Der Einzug. (Der Roman […] wird […] fortgesetzt) *197-198*: Marginalien
197	82-84	*Erman*, Hans: Der ganz vergessene Dichter. [Über Carl Heinrich Schnauffer. Mit Abdruck der Gedichte von Carl

Heinrich Schnauffer:] Das Lied der armen Leute/Bahn frei!/Das Proletariat/Hoch die deutsche Republik. [Vgl. 185]

198   84-86   *Leisner*, Willi: Christen und Marxisten. [Diskussionsbeitrag über das Verständnis zwischen Christen und Marxisten. Mit einer Vorbemerkung der Redaktion]
            199: Das Freie Buch

199   87-88   *Cwojdrak*, Hans-Günther: Hermann Kasack: „Die Stadt hinter dem Strom", [Roman, Suhrkamp Verlag, Frankfurt/M. 1947. Rez.]

200   89-90   Sichtung der Neuerscheinungen. [9 Titel mit kurzen Inhaltsangaben]
            201: Tribüne junger Autoren. [Mit einer Vorbemerkung der Redaktion zur Eröffnung der Rubrik]

201   90-92   *Mühlner*, Rudolf: Bekenntnis. [Autobiographische Notiz]/... Vor den Trümmern/... An die Qual! [Gedichte]
        91   [Werbung]
            202-204: Ost- und West-Leser schreiben

202   92-93   *Feuchtwanger*, Lion: [Brief aus Pacific Palisades, Californien, an die Redaktion der Zeitschrift „Ost und West" zur Herausgabe seines Romans „Waffen für Amerika" und über seine neu geschriebene Novelle „Odysseus und die Schweine". Mit einer Nachbemerkung der Redaktion]

203   93-94   *Hiesgen*, Carl Paul: [Brief an die Redaktion der Zeitschrift „Ost und West" über den Verlust seines gesamten literarischen Materials in der Zeit des Faschismus]
        93   [Werbung]

204   94-95   *Beyer*, L.: [Brief an die Redaktion der Zeitschrift „Ost und West" über die gesellschaftliche Lage in Deutschland in der Vergangenheit und Gegenwart]
        94   [Werbung]
        95   [Werbung]
        95   [Hinweis auf die neue Adresse der Geschäftsräume der Zeitschrift „Ost und West"]
        95   [Hinweis auf Generalvertretungen der Zeitschrift]
        96   [Werbung]
        III-IV   [Werbung]

Heft 5

Mai 1948

[Hefttitel:] Heinrich Mann über Kisch. Acht Kritiker über Theater im Reich und in Berlin

205   II   Zu unseren Beiträgen. [Über die Entwicklung des Theaters in Deutschland nach 1945. Hinweise auf 207, 208, 209, 217, 216, 210, 211, 212, 213, 214, 215, 224, 218-220, 223, 222 und 230]
        1   [Innentitel]
        1-2   Inhaltsverzeichnis

	2	[Impressum]
206	3	*Ossietzky*, Carl von: Demokratie. 1932. [Auszug]
207	4-10	*Kantorowicz*, Alfred: Der Zehnte Mai. [Zur faschistischen Bücherverbrennung am 10. Mai 1933 auf dem Opernplatz in Berlin und in vielen anderen deutschen Städten. Vgl. 205]

208-209: Theater gestern und heute

| 208 | 11-13 | *Zweig*, Arnold: Epilog zum „Kaufmann von Venedig". 1936. [Vgl. 205] |
| 209 | 14-17 | *Scheer*, Maximilian: Hochverräter [Johann Wolfgang] Goethe. 1943. [Über die Zensurierung des „Faust. Der Tragödie erster Teil" in einer Kölner Aufführung. Vgl. 205] |

210-215: Die Berliner Bühnen 1948

210	18-19	*Cramer*, Heinz [Tilden]: [Eindrücke vom Berliner Theaterleben. Vgl. 205]
211	19-20	*Erpenbeck*, Fritz: [Über die Spielplangestaltung Berliner Bühnen 1945-1948 und über falsch verstandenen Internationalismus. Vgl. 205]
212	21-24	*Linfert*, Carl: [Über die Aufführungen „Furcht und Elend des Dritten Reiches" von Bertolt Brecht, Deutsches Theater; „Die Fliegen" von Jean-Paul Sartre, Hebbel-Theater; „Babel" von Günther Weisenborn, Deutsches Theater; „Woyzeck" von Georg Büchner, Deutsches Theater; „Das Abgründige in Herrn Gerstenberg" von Axel von Ambesser, Hebbel-Theater; „Stella" von Johann Wolfgang Goethe, Kammerspiele, und „Les parents terribles" von Jean Cocteau, Tribüne. Vgl. 205]
213	24-25	*Luft*, Friedrich: [Bemerkungen zu einigen Aufführungen der Berliner Bühnen. Vgl. 205]
214	26	*Rilla*, Paul: [Zum Repertoire der Berliner Theater. Vgl. 205]
215	27-28	*Schröder* [!*Schroeder*], Max: [Einschätzung der Gesamtleistung der Berliner Theater. Vgl. 205]

216: Blick ins Theater des deutschen Ostens

| 216 | 29-32 | *Hartmann*, Rolf: [Zur Spielzeit 1947/48 der Theater in Leipzig, Dresden und Görlitz. Mit den Zwischenüberschriften:] Dresden/Leipzig/Görlitz. [Vgl. 205] |

217: Theaterdilemma im deutschen Westen

| 217 | 33-36 | *Pollatschek*, Walther: [Über die Spielplangestaltung westdeutscher Theater, hauptsächlich zur Situation der Theater in Frankfurt/Main nach 1945. Vgl. 205] |

218-220: Finnische Gedichte. [Mit einer Vorbemerkung der Redaktion. Vgl. 205]

| 218 | 37-38 | *Turtiainen*, Arvo [Albin]: Der Knecht-David/Sie warfen mich ins Gefängnis/Wie groß ist der Unterschied. [Gedichte.] (Übersetzt von Friedrich Ege) |
| 219 | 39-41 | *Pennanen*, Jarno: <Aus „Jeremias Wehklage". 1945.> [Mit den Abschnitten:] Der Gefangene im Brunnen/Auf die Mauern, auf die Mauern!/Das Gewürm. [Gedicht.] (Übersetzt von Friedrich Ege) |

220   41   *Sinervo*, Elvi: Der Held. [Gedicht.] (Übersetzt von Fried-
                  rich Ege)
221   42-44   *Düwel*, Wolf: Vissarion [!Wissarion Grigorjewitsch] Be-
                  linski. [Mit einer Vorbemerkung der Redaktion zum 100.
                  Todestag des russischen Literaturkritikers. Vgl. 222]
222   45-49   *Belinski*, Vissarion [!Wissarion Grigorjewitsch]: Brief an
                  [Nikolai Wassiljewitsch] Gogol. [Stellungnahme zu dem
                  Gogolschen „Briefwechsel mit meinen Freunden", Aus-
                  zug.] (Salzbrunn, 15. Juli 1847.) [Vgl. 205, 221]
223   50   *Marx*, Karl: Literatur und Presse. [Zwei Auszüge. Mit
                  einer Vorbemerkung der Redaktion zum 130. Geburtstag
                  von Karl Marx. Vgl. 205]
224   51-70   *Feuchtwanger*, Lion: Odysseus und die Schweine. [No-
                  velle. Vgl. 205]
225   51   *Merbitz*, Bruno: Zeichnung. [Zu 224]
226   65   *Merbitz*, Bruno: Zeichnung. [Zu 224]
227   70   *Merbitz*, Bruno: Zeichnung. [Zu 224]
228   71-84   *Campe*, Helmut [d.i. *Kantorowicz*, Alfred]: Der Sohn des
                  Bürgers. [Roman.] <5. Fortsetzung.> [Mit einer Vorbe-
                  merkung der Redaktion. Enthält die Abschnitte:] Zweites
                  Buch. Kapitel II. Bruno Bandmann/Anni/Ede's Buden-
                  zauber/Der 1. Mai 1929. (Der Roman [...] wird [...] fort-
                  gesetzt)
                  229: Marginalien
229   85-86   *M-n S.* [d.i. *Scheer*, Maximilian]: Antwort an einen Buch-
                  händler. [Öffentliche Antwort an einen Buchhändler we-
                  gen seiner Ablehnung, zeitkritische Literatur zu führen
                  und anzubieten]
                  230: Das Freie Buch
230   87-89   *Mann*, Heinrich: Egon Erwin Kisch: Entdeckungen in
                  Mexiko, [Reportagen. Rez. Vgl. 205, vor 257]
231   90   Neuerscheinungen. <Sichtung vorbehalten.> [15 Titel]
                  232-238: Ost- und West-Leser schreiben
232   90   *Rahneberg*, F.: [Brief an die Redaktion der Zeitschrift
                  „Ost und West" über Beiträge in den Heften]
233   90-92   *Pioch*, Bruno: [Brief an die Redaktion der Zeitschrift „Ost
                  und West" über Beiträge in den Heften]
        91   [Werbung]
234   92-93   *Hüttel*, Klaus G.: [Brief an die Redaktion der Zeitschrift
                  „Ost und West" über Beiträge in den Heften]
        92   [Werbung]
235   93-94   *Breitenstein*, Max: [Brief an die Redaktion der Zeitschrift
                  „Ost und West" mit dem Wunsch nach einer Artikelserie
                  über die verschiedenen politischen Parteibegriffe]
        93   [Werbung]
236   94   *Schaller*, Wendelin: [Brief an die Redaktion der Zeitschrift
                  „Ost und West" mit der Anregung, den Briefwechsel
                  „Suchende Jugend" in Form eines Sonderdruckes zu ver-
                  öffentlichen. Vgl. 152, 153]

237	94-95	*Strix*, Heinz: [Brief an die Redaktion der Zeitschrift „Ost und West" mit der Forderung nach einer organisierten Friedenspropaganda]
	94	[Werbung]
238	95-96	*Weidenmüller*, Gerhard: [Brief an die Redaktion der Zeitschrift „Ost und West" zum Beitrag von Paul Haas. Vgl. 174]
	95	[Werbung]
	95	[Hinweis auf Generalvertretungen der Zeitschrift]
	96	[Anzeige: Danksagung von Gisl Kisch und Dr. B. Kisch an alle Freunde und Bekannte, die ihr Mitgefühl zum Tode von Egon Erwin Kisch bezeugt haben]
	97-100	[Werbung]

Heft 6

Juni 1948

[Hefttitel:] US-Schauspieler wird Volkstribun. Bert Brecht: Vom Wohlleben

239	II	Zu unseren Beiträgen. ([Über] Gefahren und Resultate geistiger Gleichschaltung und die sinnvolle Fruchtbarkeit geistiger Auseinandersetzung.) [Hinweise auf 243, 241, 242, 248, 250, 245, 258, 252, 246, 253 und 256]
	1	[Innentitel]
	1-2	Inhaltsverzeichnis
	2	[Impressum]
240	3	Der Schuß ... [Zeichnung aus der römischen Wochenschrift „Don Basilio"]
241	4-10	*Gunther*, John: Ein Schauspieler wird Volkstribun. [Biographie über den nordamerikanischen Politiker Glen Taylor. Auszug aus dem Buch „Inside America". Mit einer Nachbemerkung der Redaktion zur weiteren politischen Laufbahn von Glen Taylor nach 1946.] (Aus dem Amerikanischen von K. W. Ellis.) [Vgl. 239]
242	11-12	*Brecht*, Bert [!Bertolt]: Die Ballade vom angenehmen Leben der Hitlersatrapen. [Gedicht. Mit einer Vorbemerkung der Redaktion. Vgl. 239]
243	13-19	*Liebling*, A. J.: Hollywood im Verhör. [Über die Berichterstattung in der USA-Presse über die Verhöre beim Ausschuß zur Untersuchung unamerikanischer Tätigkeit.] (Aus dem Amerikanischen von Edith v[on] Holst.) [Vgl. 239]
244	13	*Bürger*, [Werner]: [Zeichnung. Zu 243]
245	20-22	*Scheer*, Maximilian: Tief unten lag Deutschland. (Kapitel [aus dem] Roman „Fahrt an den Rhein".) [Mit einer Vorbemerkung der Redaktion. Vgl. 239]
246	23-30	*Mayer*, Hans: Dr. Faustus. [Rez. zu: Thomas Mann: „Doktor Faustus. Das Leben des deutschen Tonsetzers

Adrian Leverkühn, erzählt von einem Freunde", Berman-Fischer Verlag, Stockholm 1947. Vgl. 239]

247   31-32   *Kakuz*, Kaspar: Staub und Sterne. (Darstellung [von] Erlebnisse[n] seit 1933.) [Mit einer Vorbemerkung der Redaktion]

248   33-36   *Kakuz*, Kaspar: Italienische Sonette. [Enthält:] I. Das Calendario/II. Italien/III. Von ferne nur/IV. Monte Rotondo/V. Florenz/VI. Ihr heitern Menschen/VII. Vom Weine/VIII. Abgesang. [Vgl. 239]

249   37-39   *M-n S.* [d.i. *Scheer*, Maximilian]: Vladimir Pozner. [Vgl. 250]

250   40-48   *Pozner*, Vladimir: Hubers Traum. [Romanauszug.] (Aus dem Französischen von Maria Arnold.) [Vgl. 239, 249]

251   45   *Bürger*, [Werner]: [Zeichnung. Zu 250]

252   49-54   *Berger*, Ida: Begegnung mit Paul Eluard. [Vgl. 239]

253   55-65   *Paustowsky* [!Paustowski], Konstantin [Georgijewitsch]: Das Telegramm. [Erzählung. Mit einer Vorbemerkung der Redaktion.] (Aus dem Russischen von Ena v[on] Baer.) [Vgl. 239]

254   59   *B.* [d.i. *Bürger*, Werner]: [Zeichnung. Zu 253]

255   66-82   *Campe*, Helmut [d.i. *Kantorowicz*, Alfred]: Der Sohn des Bürgers. [Roman.] <6. Fortsetzung.> [Mit einer Vorbemerkung der Redaktion. Enthält die Abschnitte:] Kapitel III. „Volk ohne Raum"/Der Unterbezirk/Von der Atomzertrümmerung/Die Sisyphos-Arbeit/Die preußische Tradition/Gespräche in Schwannecke's Weinstube. (Der Roman […] wird […] fortgesetzt)
256-257: Marginalien

256   83-84   *Leonhard*, Rudolf: Brief an [Egon Erwin] Kisch. ([Auszug aus einem Brief, geschrieben] nach der deutschen Besetzung Prags im März 1939.) [Vgl. 239]

     84   [Hinweis der Redaktion auf die Erstveröffentlichung des Aufsatzes von Heinrich Mann in Heft 5/1948. Vgl. 230]

257   84-85   *Drews*, Richard: Der Bücherkarren. [Erlebnisse beim Buchkauf in den dreißiger Jahren]
258: Das Freie Buch

258   85-88   *Ensslen*, Veronica: Diskussion um einen Sowjetroman. [Über die Diskussion in der sowjetischen Literaturkritik um den Roman von Wera Fjodorowna Panowa „Krushilicha" – dt. „Die Menschen aus Krushilicha", Verlag Kultur und Fortschritt, Berlin 1949. Vgl. 239]

259   89   Neuerscheinungen. [12 Titel]
260: Tribüne junger Autoren

260   89-92   *Haar*, Werner: Von Mitternacht bis Morgengrauen. [Prosa. Mit einer autobiographischen Einleitung]

     91   [Werbung]
261-264: Ost- und West-Leser schreiben

261   92-93   *Seehof*, Arthur: [Brief an die Redaktion der Zeitschrift „Ost und West" zu den Beiträgen von Walter von Molo,

		Roland Schacht und Cécile Angrand. Vgl. 147, 148, 161, 314]
262	93	*Liebschner*, W.: [Brief an die Redaktion der Zeitschrift „Ost und West" über Beiträge in den Heften]
263	93-94	*Nier*, Arnold: [Brief an die Redaktion der Zeitschrift „Ost und West" über Beiträge in den Heften. Mit einer Nachbemerkung der Redaktion]
	93	[Werbung]
264	94	*Oswald*, Wolfgang: [Brief an die Redaktion der Zeitschrift „Ost und West" über die Beiträge in den Heften]
	94	[Werbung]
	94	[Hinweise auf Generalvertretungen der Zeitschrift]
	95-96	[Werbung]
	III-IV	[Werbung]

Heft 7

Juli 1948

[Hefttitel:] A. Kantorowicz: Begegnung in Bel Alcazar/Tribüne der Jungen. Heinrich Mann: Widerstehe dem Übel

265	II	*Herausgeber* [d.i. *Kantorowicz*, Alfred] *und Redaktion von „Ost und West"*: Besinnung! [Zur Währungsreform in Deutschland. Hinweise auf 266, 267, 268, 271, 288, 273, 274, 275 und 272]
	1	[Innentitel]
	1-2	Inhaltsverzeichnis
	2	[Impressum]
266	3	*Jefferson*, Thomas: Form und Inhalt. [Kurzer Text des Autors der amerikanischen Unabhängigkeitserklärung vom 4. Juli 1776 über Regierungsformen. Vgl. 265]
267	4-5	*Marat*, Jean Paul: Vor dem Sturm. [Über die französische Revolution. Auszug aus einem Aufsatz vom Juli 1792. Mit einer Vorbemerkung der Redaktion.] (Aus dem Französischen von Heinrich Cunow.) [Vgl. 265]
268	6-18	*Kantorowicz*, Alfred: Begegnung in Bel Alcazar. Aus meinem spanischen Kriegstagebuch. Süd-Front, Sektor Pozoblanca; Bel Alcazar, den 26. Mai 1937. [Vgl. 265]
269	6	*B.* [d.i. *Bürger*, Werner]: [Zeichnung. Zu 268]
270	11	*B.* [d.i. *Bürger*, Werner]: [Zeichnung. Zu 268]
271	19-24	*Mann*, Heinrich: Widerstehe dem Übel. [Über die deutsche Widerstandsbewegung in der Zeit des Faschismus. Vgl. 265]
272	25-30	*Huchel*, Peter: Gedichte. [Enthält:] Der polnische Schnitter/Der Vertriebene/Rückzug I/Rückzug II/Griechischer Morgen. 1947/Der Hafen/Zunehmender Mond. [Vgl. 265, nach 317]
273	31-36	*Andersen Nexö*, Martin: Junge Liebe. (Aus seinen im Dietz-Verlag, [Berlin,] erscheinenden Erinnerungen.) [Vgl. 265]

274   37-42   *Zola,* Emile [Edouard Charles Antoine]: Die begehrte Häßliche. (Gehört zu dem Novellen-Zyklus „Wie sie heiraten" aus dem Nachlaß Emile Zolas.) [Mit einer Vorbemerkung der Redaktion.] (Aus dem Französischen von Wilhelm Maria Lüsberg.) [Vgl. 265]

275   43-55   *Morris,* Edita: Das fremde Mädchen. [Novelle. Mit einer Vorbemerkung der Redaktion.] (Aus dem Amerikanischen von Edith v[on] Holst.) [Vgl. 265]

276   49   *B.* [d.i. *Bürger,* Werner]: [Zeichnung. Zu 275]

277   53   *B.* [d.i. *Bürger,* Werner]: [Zeichnung. Zu 275]

278   56-74   *Campe,* Helmut [d.i. *Kantorowicz,* Alfred]: Der Sohn des Bürgers. [Roman.] <7. Fortsetzung.> [Enthält die Abschnitte:] Das Jahrhundert des einfachen Mannes/Die Sitzung der Unterbezirksleiter/Das Palais de Plaisir/Zu Hause/Heinrich von Loen/Die Hausagitation/Der unordentliche Herr Loen und seine Freunde. (Der Roman [...] wird [...] fortgesetzt)
               279-280: Marginalien

279   75-76   *Lestiboudois,* Herbert: Ernst Johannsen. Ernst Johannsen begeht in diesem Jahr in London seinen 50. Geburtstag

280   77   *Kakuz,* Kaspar: Die Exi-Isten. [Gedicht]
               281-283: Das Freie Buch

281   77-78   *Weyrauch,* Wolfgang: Von der Beschaffenheit unserer Prosa. [Über Genauigkeit in Prosawerken deutscher Schriftsteller aus der Nachkriegszeit]

282   79-80   *Pollatschek,* Walther: Bert [!Bertolt] Brechts Dreigroschenroman. (1934 im Verlag Allert de Lange in Amsterdam erschienen.) [Rez.]

283   80-81   *Cwojdrak,* Hans Günther: Harald Hauser. [Rez. zu: Harald Hauser: „Wo Deutschland lag", Dietz-Verlag, Berlin 1947]
               284-287: Tribüne der Jungen

284   81-84   *Katschinski,* Claus: Zusammenbruch der Kameradschaft. [Erlebnisse aus der Kriegsgefangenschaft]

285   85-86   *Hartmann,* Rolf: Saatkorn im Gefangenenlager. [Künstlerische Veranstaltungen im Kriegsgefangenenlager in Tbilissi]

286   86-89   *Losecaat v[on] Nouhuys,* Heinz: Leben nicht Tod. [Über Lebensverhältnisse in den westlichen Besatzungszonen Deutschlands]

287   89-90   *Pawlick,* Albert; *Bauschert,* Herbert; *Rittelmayer* [!*Rittelmeyer*]: Drei Briefe [an die Redaktion der Zeitschrift „Ost und West" zu den Beiträgen von Maximilian Scheer. Vgl. 146, 163, 288]

288   91-95   *Scheer,* Maximilian: Nachwort. [Antwort auf die Briefe von Albert Pawlick, Herbert Bauschert und Rittelmeyer. Vgl. 265, 287]

         92-94   [Werbung]

         95   [Suchanzeige]

	96-99	[Register:] Ost und West veröffentlichte im ersten Jahr vom Juli 1947 bis Juni 1948 Arbeiten von:
	99	[Hinweis der Redaktion über den Bezug von bisher erschienenen Heften der Zeitschrift]
	100	[Werbung]
289	101	*Der Herausgeber* [d.i. *Kantorowicz*, Alfred]: Nach zwölf Monaten. [Abdruck eines Auszuges aus der Einführung des Herausgebers zum Erscheinen der Zeitschrift „Ost und West" in Heft 1/1947. Vgl. 2]
	101	[Hinweis der Redaktion auf ein Abonnement der Zeitschrift]
	102	[Werbung]
	III	[Werbung]
	III	[Hinweis auf Generalvertretungen der Zeitschrift]
	IV	[Werbung]

Heft 8

August 1948

[Hefttitel:] Zeiten der Lüge. Karel Čapek: Das Mittelmeer

290	II	Die Nebelschwaden. [Über Geschichtserfahrung. Hinweise auf 295, 293, 294, 296, 300, 299 und 304]
	1	[Innentitel]
	1-2	Inhaltsverzeichnis
	2	[Impressum]
291	3	*Hull*, Cordell: Kooperation oder Selbstmord. [Über Kooperation als einzige Alternative zur Wettrüstung. Auszug aus den Erinnerungen des USA-Außenministers, 1948]
292	4-5	*Scheer*, Maximilian: Das Beispiel Albert Maltz. [Über die Haltung des nordamerikanischen Schriftstellers vor dem Ausschuß zur Untersuchung unamerikanischer Tätigkeit]
293	6-14	*Maltz*, Albert: Das Gewissen des Volkes. [Protestrede vor der Sparte Literatur auf einer vom Rat für Kunst, Wissenschaft und freie Berufe bei der Organisation „Fortschrittliche Bürger Amerikas" einberufenen Konferenz im Hotel Beverly Hills in Los Angeles am 11. Juli 1947 zum Schuldspruch des Ausschusses zur Untersuchung unamerikanischer Tätigkeit gegen Howard Fast und weitere Personen.] (Deutsch von Maximilian Scheer.) [Vgl. 290]
294	15-17	*Čapek*, Karel: Der Tod des Archimedes. 1938. [Aus: „Wie in alten Zeiten. Das Buch der Apokryphen".] (Aus dem Tschechischen von B…) [Vgl. 290]
295	18-23	*Gerlach*, Hellmut v[on]: Zeiten der Lüge. [Über Kriegspsychose, besonders in Deutschland, zu Beginn des ersten Weltkrieges. Mit einer Vorbemerkung der Redaktion. Vgl. 290]
296	24-28	*Ehrenburg*, Ilja [Grigorjewitsch]: Trust D. E. [Auszug aus dem satirischen Buch „Trust D. E. – die Geschichte der

		Zerstörung Europas". Mit einer Vorbemerkung der Redaktion.] (Aus dem Russischen von Lia Calmann.) [Vgl. 290]
297	24	B. [d.i. *Bürger*, Werner]: [Zeichnung. Zu 296]
298	29-32	*Wolf*, Friedrich: Gedichte. [Enthält:] Vox Humana/Dein Volk/Ost und West. <Neujahr 1944/45>
299	33-37	*Kozák*, J[an] B[lahoslav]: Die Aufgabe der Universität. ([Auszug aus einer Rede, die] aus Anlaß der 600-Jahrfeier vor der akademischen Gemeinde der Karls-Universität [in Prag gehalten wurde].) [Mit einer Vorbemerkung der Redaktion.] (Aus dem Tschechischen von J. D.) [Vgl. 290]
300	38-54	*Kurella*, Alfred: Volk der Kirgisen. [Zur alten Dichtung der Kirgisen, dem Nationalepos „Manas" und zu einigen Werken der modernen kirgisischen Literatur. Mit einer Vorbemerkung der Redaktion. Vgl. 290]
301	43	B. [d.i. *Bürger*, Werner]: [Zeichnung. Zu 300]
302	49	B. [d.i. *Bürger*, Werner]: [Zeichnung. Zu 300]
303	55-63	*Ricaumont*, Jacques de: Der französische Roman. [Zu den Charakterzügen des französischen Romans.] (Aus dem Französischen von Karl Heinrich)
304	64-71	*Feuchtwanger*, Lion: Voltaires letzter Kampf. [Auszug aus dem Roman „Waffen für Amerika". Mit einer Vorbemerkung der Redaktion. Vgl. 290]
305	64	B. [d.i. *Bürger*, Werner]: [Zeichnung. Zu 304]
306	71	B. [d.i. *Bürger*, Werner]: [Zeichnung. Zu 304]
307	72-86	*Campe*, Helmut [d.i. *Kantorowicz*, Alfred]: Der Sohn des Bürgers. [Roman.] <8. Fortsetzung.> [Enthält die Abschnitte:] Zweites Buch. Kapitel IV. Besuch bei Bruno Bandmann/Die Schiebung/Lektion über die Korruption. (Der Roman [...] wird [...] fortgesetzt)
		308-309: Marginalien
308	87	*Callender*, Harold: Berlin – vor drei Jahren. (Chefkorrespondent der „New York Times" in Paris, in einem in seinem Blatt veröffentlichten Kabel vom 11. Mai 1945 [über die Kapitulation in Berlin].) [Vgl. 368]
309	87-88	*Kakuz*, Kaspar: Die Erde blieb. 1946. [Gedicht]
		310-312: Das Freie Buch
310	88-89	*Weyrauch*, Wolfgang: Günther Weisenborn: Memorial. (Aufbau-Verlag, Berlin [1948].) [Rez.]
311	89-92	*Drews*, Richard: Tagebuch eines Verzweifelten. [Rez. zu: Friedrich Percyval Reck-Malleczewen: „Tagebuch eines Verzweifelten", Hrsg. Dr. Curt Thesing, Bürger Verlag in Lorch, Stuttgart, Schwäb. Gmünd 1947]
	90	[Werbung]
	91	[Werbung]
312	92-94	*Kaiser*, Bruno: 1948 über 1848. [Sammelbesprechung zu einigen Publikationen, die zur Jahrhundertfeier der Revolution von 1848 erschienen sind. Vgl. 360]
	93	[Werbung]
313	94-95	Neuerscheinungen. [21 Titel]

314–317: Ost- und West-Leser schreiben

314	95-96	*Geißler*, Günter: [Brief an die Redaktion der Zeitschrift „Ost und West" über die Zuschrift von Arthur Seehof. Vgl. 261]
315	96	*Mader*, Oskar: [Brief an die Redaktion der Zeitschrift „Ost und West" mit einer Stellungnahme zu den Beiträgen von Roland Schacht und Cécile Angrand über den französischen Existentialismus. Vgl. 147, 148]
316	96	*Boehme*, Albrecht: [Brief an die Redaktion der Zeitschrift „Ost und West" zu einer in der Paulskirche in Frankfurt/Main gehaltenen Rede von Fritz von Unruh. Mit einer Nachbemerkung der Redaktion]
317	96	*Zoozmann*, B. J.: [Brief an die Redaktion der Zeitschrift „Ost und West" zum Erhalt der Zeitschrift. Mit einer Nachbemerkung der Redaktion]
	96	[Hinweis der Redaktion auf Druckfehler in den Gedichten von Peter Huchel. Vgl. 272]
	96	[Hinweis auf Generalvertretungen der Zeitschrift]
	97-98	Nach der Währungsreform. [Hinweis der Vertriebsabteilung der Zeitschrift „Ost und West"]
	97	[Werbung]
	98	[Neue Auslieferungsbedingungen]
	III-IV	[Werbung]

Heft 9

September 1948

[Hefttitel:] Arnold Zweig. Henry Wallace. Howard Fast. Mario Pomarici. Vera Inber. Paul Wiegler. Zwischen Krieg und Frieden

318	II	Zwischen Krieg und Frieden. [Über den 10. Jahrestag des Münchener Abkommens. Hinweise auf 320, 322, 323, 325, 334, 331, 329, 326, 328 und 335]
	1	[Innentitel]
	1-2	Inhaltsverzeichnis
	2	[Impressum]
319	3-4	*Hutten*, Ulrich von: Ein neu Lied Herrn Ulrichs von Hutten. [Gedicht. Mit einer Vorbemerkung der Redaktion]
320	5-10	*Sládek*, Jan: Nie wieder München. (Prag, 10. August 1948.) [Zum Münchener Abkommen 1938.] (Aus dem Tschechischen von B.) [Vgl. 318]
321	11-14	*Bergmann*, Ernst: Mario Pomarici's Verbannung. [Über die Verbannung des italienischen Journalisten aus dem faschistischen Italien. Mit einer Vorbemerkung der Redaktion]
322	15-18	*Pomarici*, Mario: Aphorismen. [20 Aphorismen. Vgl. 318]
323	19-24	*Kipp*, Georg: Zwei Häuser in der Gartenstraße. [Über antifaschistischen Widerstandskampf und Haft in Münster. Vgl. 318]

324   22   *Wyworski,* Peter: Zeichnung. [Zu 323]
325   25-27   *Petersen,* Jan: Das Empfehlungsschreiben. [Erzählung. Vgl. 318]
326   28-35   *Zweig,* Arnold: Bonaparte in Jaffa. [Auszug aus dem historischen Schauspiel „1799 oder Bonaparte in Jaffa", III. Akt. Mit einer Vorbemerkung der Redaktion und zum Brief von Arnold Zweig an die Redaktion der Zeitschrift „Ost und West". Vgl. 131, 318]
327   36-40   *Wiegler,* Paul: Erinnerungen. [Stationen seines Lebensweges in Berlin. Mit einer Vorbemerkung der Redaktion zum 70. Geburtstag des Schriftstellers]
328   41-45   *Inber,* Vera [!Wera Michailowna]: Tossik und Mura machen Besuch. [Auszug aus dem gleichnamigen Kinderbuch. Mit einer Vorbemerkung der Redaktion.] (Aus dem Russischen von Alexander Reich.) [Vgl. 318]
329   46-50   *Wallace,* Henry [Agard]: Die Stimme des anderen Amerika. [Über die politische Lage in den USA 1947 und über das Eintreten für eine Verständigung mit der Sowjetunion. Abschnitt aus „Toward World Peace". Mit einer Vorbemerkung der Redaktion.] (Deutsch von Maximilian Scheer.) [Vgl. 318]
330   51-55   *A. K.* [d.i. *Kantorowicz,* Alfred]: Howard [Melvin] Fast
331   56-65   *Fast,* Howard [Melvin]: Tom Paine geht an die Front. [Auszug aus dem Roman „Citizen Tom Paine".] (Deutsch von Alfred Kantorowicz.) [Vgl. 318]
332   59   *Bürger,* Werner: Zeichnung. [Zu 331]
333   63   *Bürger,* Werner: Zeichnung. [Zu 331]
334   66-68   *Sinclair,* Upton [Beall]: Die Rettung der Welt … [Zur Politik des Präsidenten der USA, Thomas Woodrow Wilson, im ersten Weltkrieg. Auszug aus: „Money writes", 1927. Mit einer Vorbemerkung der Redaktion. Vgl. 318]
335   69-74   *Stuckenschmidt,* H[ans] H[einz]: Troubadour der neuen Welt. George Gershwin wäre jetzt erst Fünfzig. [Vgl. 318]
336   75-85   *Campe,* Helmut [d.i. *Kantorowicz,* Alfred]: Der Sohn des Bürgers. [Roman.] <9. Fortsetzung.> [Enthält die Abschnitte:] Zweites Buch. Kapitel V. Die Freie Presse/Die Verwirrung der Begriffe/Martin verstrickt sich. (Der Roman […] wird […] fortgesetzt)
                 337: Marginalien
337   86-88   *Roch,* Herbert: Über den schwarzen Markt [im Nachkriegsdeutschland]
                 338-341: Das Freie Buch
338   88-90   *Pollatschek,* Walther: Thomas Manns „Neue Studien", [Suhrkamp-Verlag, Berlin, Frankfurt/Main 1948. Rez.]
339   90   *Drews,* Richard: Anna Seghers: Das Ende, [Erzählung, Curt Weller & Co., Konstanz 1948. Zweisprachige Ausgabe. Übertragung ins Französische von Jeanne Stern. Rez.]
340   90-93   *Linden,* Hermann: Landung in Australien. [Rez. zu: Egon Erwin Kisch: „Landung in Australien", Aufbau-Verlag, Berlin 1948]

	91	[Werbung]
	92	[Werbung]
341	93-94	*Roch*, Herbert: Wolfgang Weyrauch: Die Davidsbündler, [Erzählung, Rowohlt, Hamburg, Stuttgart 1948. Rez.]
	93	[Werbung]
	94	[Werbung]
		342: Tribüne der Jungen
342	95-96	*Pioch*, Bruno: Keine Zeit zum Dichten. [Brief vom Oktober 1947 an Alfred Kantorowicz mit biographischen Angaben und über seine dichterische Betätigung. Enthält die Gedichte:] <<In der schmalen Kellerhütte>>/<<Zwei Zeiger auf Stein>>
	95	[Werbung]
	96	[Hinweis auf Generalvertretungen der Zeitschrift]
	III-IV	[Werbung]

Heft 10

Oktober 1948

[Hefttitel:] Agnes Smedley. Hermann Budzislawski. Bert Brecht. Blick in sechs Länder

343	II	Moralische Aufrüstung. [Über die Verbindung von Moral und Aufrüstung]
	1	[Innentitel]
	1-2	Inhaltsverzeichnis
	2	[Impressum]
344	3	*Mehring*, Franz: 1648. [Über den Dreißigjährigen Krieg 1618-1648.] („Westfälischer Friede", 24. Oktober 1648)
345	4-8	*Scheer*, Maximilian: Angst. [Über die politische Lage in den USA]
346	9-14	*Chapman*, Ralph: Propaganda und Pornographie. (Artikel [aus der] amerikanischen Literaturzeitschrift „Saturday Review of Literatur".) [Über die japanische Nachkriegsliteratur, das japanische Verlagswesen und über die amerikanische Zensur in Japan. Mit einer Vorbemerkung der Redaktion.] (Aus dem Amerikanischen von K. H.)
347	15-18	*McWilliams*, Carey: Moralische Aufrüstung. [Über die „Zehnte Weltzusammenkunft" von Dr. Frank N. D. Buchmans „Moralischer Wiederaufrüstungs-Bewegung" (MRA) in den USA. Mit einer Vorbemerkung der Redaktion.] (Aus dem Amerikanischen von K. W. Ellis)
348	19-20	*A. K.* [d.i. *Kantorowicz*, Alfred]: Agnes Smedley. [Vgl. 349]
349	21-35	*Smedley*, Agnes: Mittelalter und Neuzeit. [Abschnitt aus „Battle Hymn of China", 1943. Mit den Zwischenüberschriften:] Zurück ins Mittelalter/Felder des Lebens und Todes/Nachrichten-Blockade-Brecher. [Zur politischen Lage in China in den zwanziger und dreißiger Jahren.]

(Aus dem Amerikanischen von Herbert Roch.) [Vgl. 348]

350 22 *Balden,* Theo: Zeichnung. [Zu 349]

351 27 *Balden,* Theo: Zeichnung. [Zu 349]

352 36-41 *Brecht,* Bert [Bertolt]: Freiheit und Democracy. 1947. [Gedicht. Vgl. nach 399]

353 42-45 *Budzislawski,* Hermann: Heimkehr. [Bericht von der Ankunft aus der Emigration in Berlin 1948. Mit einer Vorbemerkung der Redaktion]

354 46-49 *Ihering,* Herbert: Gelingen, Anspruch und Forderungen. [Bericht zur Situation und zu Aufführungen der Dresdner Theater, ausführlich zu Ferdinand Bruckners Schauspiel „Simon Bolivar"]

355 50-56 *Kläber,* Kurt: Holland heute. [Über die gegenwärtige politische Lage in Holland. Mit einer Vorbemerkung der Redaktion]

356 57-60 *Kraschutzki,* Heinz: Mein Freund Gabriel. [Erlebnisse aus der Haft in Franco-Gefängnissen. Mit einer Vorbemerkung der Redaktion]

357 61-64 *Swift,* Jonathan: Der Herzog von Marlborough. (Auszüge aus seinen „Briefen an Stella".) [Mit einer Vorbemerkung der Redaktion]

358 65-68 *Schacht,* Roland: Epos einer Neugeburt. [Rez. zu: Alexei Nikolajewitsch Tolstoi: „Der Leidensweg: eine Trilogie", SMA-Verlag, Berlin 1947]

359 69-81 *Campe,* Helmut [d.i. *Kantorowicz,* Alfred]: Der Sohn des Bürgers. [Roman.] <10. Fortsetzung.> [Enthält die Abschnitte:] Das Komplott/Der Bühnenball/Organisator des „Schutzbundes". (Der Roman [...] wird [...] fortgesetzt)

  360-361: Marginalien

360 82-84 *Meyer-Hepner,* Gertrud: Bettina von Arnim. [Über das im Beitrag von Bruno Kaiser erwähnte Buch von Walther Victor: „Es ward Frühling 1848 – Bilder aus einem großen Jahr", Aufbau-Verlag, Berlin 1948, und über die darin gestaltete politische Haltung von Bettina von Arnim im Jahre 1848. Vgl. 312, 361]

361 85 *Victor,* Walther: Nachwort. [Stellungnahme zum Beitrag von Gertrud Meyer-Hepner. Vgl. 360]

  362-366: Das Freie Buch

362 85-86 *Pollatschek,* Walther: Oskar Maria Graf: „Das Leben meiner Mutter". (Verlag Kurt Desch, München [1947].) [Rez.]

363 87-88 *Wiegand,* Hans-Joachim: Veit Valentin: „Geschichte der Deutschen", [Pontes-Verlag, Berlin, Stuttgart 1947. Rez.]

364 88-89 *Joho,* Wolfgang: Bernhard Kellermann: „Totentanz", [Roman, Aufbau-Verlag, Berlin 1948. Rez.]

365 89-90 *Roch,* Herbert: Stephan Hermlin: „Auch ich bin Amerika". (Zweisprachige Ausgabe mit Dichtungen amerikani-

		scher Neger [in der Übertragung von Stephan Hermlin], Verlag Volk und Welt, Berlin [1948].) [Rez.]
366	90-91	*Grabow,* Martin: Alfred [Reinhold] Böttcher: „Mensch ohne Maske", [Erzählungen, Suhrkamp-Verlag, Berlin 1948. Rez.]
	91	[Werbung]
		367: Tribüne der Jungen
367	91-96	*Weidenmüller,* Gerhard: Schriftsteller in dieser Zeit. [Über das Einkommen des Schriftstellers]
	92	[Werbung]
	93	[Werbung]
	94	[Werbung]
	95	[Werbung]
		368-369: Ost- und West-Leser schreiben
368	96	*E. L.* [d.i. ?]: [Brief an die Redaktion der Zeitschrift „Ost und West" zum Beitrag von Harald Callender. Mit einer Nachbemerkung der Redaktion. Vgl. 308]
369	96	*Hermann,* Rudolf: [Brief an die Redaktion der Zeitschrift „Ost und West" zum Abdruck des Romans von Helmut Campe. Mit einer Nachbemerkung der Redaktion]
	96	[Hinweis auf Generalvertretungen der Zeitschrift]
	III-IV	[Werbung]

Heft 11

November 1948

[Hefttitel:] In diesem Heft. Russische Lyrik. Arnold Zweig. Maxim Gorki. Theodor Plivier

370	II	Dolchstoß in den Rücken. [Über die Novemberrevolution 1918 in Deutschland]
	1	[Innentitel]
	1-2	Inhaltsverzeichnis
	2	[Impressum]
371	3	*Mann,* Thomas: Die deutsche Frags. [Über demokratische Menschen in Deutschland.] (Aus dem Amerikanischen)
372	4-13	*Kantorowicz,* Alfred: Das Ende. [Kriegserlebnisse im ersten Weltkrieg. Enthält die Abschnitte:] Die letzten Wochen des ersten Weltkrieges an der Westfront/Der Sturm auf die Zuckerfabrik von Combles/Im Pierre Vaste Wald/Im Vorfeld von Gouzecourt/Honnecourt und Villers Guislain/Die Heimkehr. [Vgl. 169]
373	12	*Werth,* Kurt: Zeichnung. [Zu 372]
374	14-16	*Rosenberg,* Arthur: Auf dem Weg zur Republik. [Über die Bildung einer deutschen Regierung im Jahre 1918. Auszug aus: „Die Entstehung der deutschen Republik". Mit einer Vorbemerkung der Redaktion]
375	17-21	*Plivier,* Theodor: November 1918. (Abschnitt aus [dem Buch] „Der Kaiser ging, die Generäle blieben", das 1932 im Malik-Verlag, Berlin, erschienen.) [Mit einer Vorbemerkung der Redaktion]

376   22-25   *Rosenfeld*, Kurt: Die uneinige Republik. [Über die Weimarer Republik. Mit einer Vorbemerkung der Redaktion]

                 377-388: Russische Lyrik

377   26   *Blok*, Alexander [Alexandrowitsch]: Mein Volk. [Gedicht.] ([Übertragen] von Ena von Baer)

378   26-27   *Tichonow*, N[ikolai Semjonowitsch]: <<Ich ward nicht erst gestern im Hammerwerk>>. [Gedicht.]([Übertragen] von A[lfred] E[dgar] Thoss)

379   27-28   *Majakowski*, Wladimir [Wladimirowitsch]: Das Pferd und wir. [Gedicht.] ([Übertragen] von B. Schiratzki)

380   29   *Marschak*, S[amuil Jakowlewitsch]: Aus dem lyrischen Heft. [Gedicht.] ([Übertragen] von A[lfred] E[dgar] Thoss)

381   29-30   *Simonow*, Konstantin [Michailowitsch]: Wart' auf mich. [Gedicht.] ([Übertragen] von A[lfred] E[dgar] Thoss)

382   31   *Matussowski*, Michail [Lwowitsch]: Das Asowsche Meer. [Gedicht.] ([Übertragen] von A[lfred] E[dgar] Thoss)

383   32   *Ehrenburg*, Ilja [Grigorjewitsch]: <<Wie einer, den die Welt betrogen>>. [Gedicht.] ([Übertragen] von A[lfred] E[dgar] Thoss)

384   32-33   *Kolzow*, Alexei [Wassiljewitsch]: Der Wald. [Gedicht.] ([Übertragen] von Ena von Baer)

385   33-34   *Pasternak*, Boris [Leonidowitsch]: Der Traum. [Gedicht.] ([Übertragen] von Ena von Baer)

386   34   *Lermontow*, Michail [Jurjewitsch]: Abend im Kaukasus. [Gedicht.] ([Übertragen] von Ena von Baer)

387   34-35   *Tjutschew*, F[jodor Iwanowitsch]: Herbsttag. [Gedicht.] ([Übertragen] von Ena von Baer)

388   35   *Puschkin*, Alexander [Sergejewitsch]: Winterabend. [Gedicht.] ([Übertragen.] von Ena von Baer)

        36   [Kurze biographische Angaben zu den russischen Dichtern]

389   37-45   *Frank*, Leonhard: Der Vater. (Erzählung aus dem Band „Der Mensch ist gut".) [Mit einer Vorbemerkung der Redaktion]

390   46-48   *Roch*, Herbert: Und wieder Nachkriegswinter. 1945-46. [Erzählung]

391   47   *Lederer*, Mia: Zeichnung. [Zu 390]

392   49-56   *Gorki*, Maxim: Die Letzten. [Auszug aus dem Drama. Mit einer Vormerkung der Redaktion.] (Aus dem Russischen von Erna Ruttmann)

393   57   *Kant*, Immanuel: Zu diesem Atom-Frieden. [Über Krieg und Frieden.] ([Auszug] aus: „Zum ewigen Frieden")

394   58-65   *Zweig*, Arnold: Der Jude im Dorn. [Abhandlung zum Märchen „Der Jude im Dorn", enthalten in der Märchensammlung von Jacob und Wilhelm Grimm]

395   66-67   *A. K.* [d.i. *Kantorowicz*, Alfred]: Alfred Kerr †. [Vgl. 396]

396   68-72   *Kerr*, Alfred: Ich war ein Kritiker. (Aus [der] Einleitung zu seinen gesammelten Schriften: „Die Welt im Drama".) [Vgl. 395]

397	73-87	*Campe*, Helmut [d.i. *Kantorowicz*, Alfred]: Der Sohn des Bürgers. [Roman.] <11. Fortsetzung.> [Enthält die Abschnitte:] Drittes Buch. Erstes Kapitel. Der „Rote Block"/ Das Künstlerfest/Artemis/Das Bacchanal. (Der Roman [...] wird [...] fortgesetzt)
		398-399: Marginalien
398	88-89	*Wiegler*, Paul: Georg Kaiser
399	89-90	*Kamossa*, Käthe: Bitte – haben Sie etwas gegen mich? [Autobiographisches und das Gedicht:] „Niemandsland"
		400: Das Freie Buch
400	90-91	*Cwojdrak*, Hans Günther: Kuba: „Gedicht vom Menschen", [Verlag Volk und Welt, Berlin 1948. Rez.]
	91	Berichtigung. [Druckfehlerberichtigung für Beiträge in Heft 10/1948 und Hinweis auf den Vorabdruck des Gedichtes von Bertolt Brecht aus einem Band, den der Aufbau-Verlag, Berlin, vorbereitet. Vgl. 352]
		401: Tribüne der Jungen
401	91-96	*Hermlin*, Stephan: Ja und Nein. (Diskussionsrede [...] auf dem im Oktober in Leipzig stattgehabten Kongreß der jungen Betriebsaktivisten und Schriftsteller über Schaffensprobleme des Schriftstellers.) [Mit einer Vorbemerkung der Redaktion]
	93	[Werbung]
	94	[Werbung]
	95	[Werbung]
	96	[Hinweis auf Generalvertretungen der Zeitschrift]
	III-IV	[Werbung]

Heft 12

Dezember 1948

[Hefttitel:] UdSSR – China – Südamerika

402	II	Weihnachten. [Betrachtung über das Weihnachtsfest]
	1	[Innentitel]
	1-2	Inhaltsverzeichnis
	2	[Impressum]
403	3	*Luther*, Martin: Von Schreibern ... [Betrachtung über das Schreiberamt]
404	4-5	*M-n S.* [d.i. *Scheer*, Maximilian]: Charles E[rskine] S[cott] Wood. [Über den nordamerikanischen Schriftsteller. Vgl. 405, 553]
405	6-11	*Wood*, Charles Erskine Scott: Gespräch im Himmel. ([Aus] dem Buch „Heaventy Discourse".) [Dramatischer Dialog.] (Deutsch von Maximilian Scheer.) [Vgl. 404]
406	12-14	*Smedley*, Agnes: Käthe Kollwitz' Einfluß in China. [Über den Einfluß der Arbeiten von Käthe Kollwitz auf die Holzschnittkunst in China.] (Aus dem Amerikanischen von H. R. [d.i. Herbert Roch])
407	13	*Li Hwa*: Pflügen. [Holzschnitt]

408	15	*Li Hwa*: Mobilisierung in Südchina. [Holzschnitt]
409	16-22	*Forman*, Harrison: Das neue China. (Abschnitt [aus dem] Buch „Report On Red China".) [Mit einer Vorbemerkung der Redaktion zum geschichtlichen Hintergrund des Korrespondentenberichtes.] (Aus dem Amerikanischen von Herbert Roch)
410	23-34	*Neruda*, Pablo: Gedichte. [Enthält:] Gesang für [Simon] Bolivar [y Ponte]/Kurzes Oratorium auf den Tod von Silvestre Revueltas/Erklärung einiger Dinge/Almeria/Gesang für die Mütter toter Republikaner/Ode an Federico Garcia Lorca. [Mit einer Vorbemerkung der Redaktion.] (Aus dem Spanischen übertragen von Stephan Hermlin)
411	35-39	*Morgan*, Charles: Resistance. (Abschnitt aus dem Buch „Die Forderung des Lebens", das im Dietz-Verlag, [Berlin,] demnächst erscheinen wird.) [Mit einer Vorbemerkung der Redaktion]
412	40-63	*Grossmann* [!*Grossman*], Wassilij [Wassili Semjonowitsch]: Leben. [Erzählung]
413	45	*Albitz-Geiss*, Ruth: Zeichnung. [Zu 412]
414	59	*Albitz-Geiss*, Ruth: Zeichnung. [Zu 412]
415	64-71	*Weyrauch*, Wolfgang: Dorf, dem Böses mit Bösem vergolten wurde. [Dramatik]
416	72-80	*Campe*, Helmut [d.i. *Kantorowicz*, Alfred]: Der Sohn des Bürgers. [Roman.] <12. Fortsetzung.> [Enthält die Abschnitte:] Drittes Buch. Fortsetzung des 1. Kapitels. Katzenjammer/Irene Vandergrist. (Der Roman […] wird […] fortgesetzt)
		417: Marginalien
417	81-82	*Feuchtwanger*, Lion: Friedrich Wolf
418	82-83	Neuerscheinungen. <Sichtung vorbehalten.> [20 Titel]
		419-421: Das Freie Buch
419	83-86	*Pollatschek*, Walther: Axel Eggebrecht: „Weltliteratur". (Axel Springer Verlag, Hamburg [1948].) [Rez.]
420	86-87	*Roth*, Herbert: Lion Feuchtwanger: „Erfolg", [Roman, Aufbau-Verlag, Berlin 1948. Rez.]
421	88-93	*Mayer*, Hans: Georg Lukács. [Über die Bedeutung der Schriften von Georg Lukács und zur Herausgabe der sechsbändigen Ausgabe seiner Schriften im Aufbau-Verlag, Berlin]
	89	[Werbung]
	90	[Werbung]
	91	[Werbung]
	92	[Werbung]
		422: Tribüne der Jungen
422	94-96	*Hampel*, Bruno: Zwei Eimer voll. [Erzählung]
	95	[Werbung]
	96	[Hinweis auf Generalvertretungen der Zeitschrift]
	III-IV	[Werbung]

3. Jahrgang. 1949

Heft 1

Januar 1949

[Hefttitel:] August Strindberg. Aus dem Nachlaß/Griechenland

423	II	Der falsche Weg. [Über vertane Gelegenheiten zur geistigen und politischen Befreiung der deutschen Bourgeoisie]
	1	[Innentitel]
	1-2	Inhaltsverzeichnis
	2	[Impressum]
424	3	[Gotthold Ephraim] Lessings Totenmaske. [Foto]
425	4-6	*Zweig*, Arnold: [Gotthold Ephraim] Lessings Totenmaske
426	7-10	*Tschernyschewski*, N[ikolaij] G[awrilowitsch]: [Gotthold Ephraim] Lessings deutsche Sendung. [Zur deutschen Literatur im 18. Jahrhundert. Mit einer Vorbemerkung der Redaktion]
427	11-13	*Mickiewicz*, Adam [Bernard]: Zusammenbruch. ([Auszug aus dem Aufsatz] „Zusammenbruch der deutschen Revolution" [1848].) [Mit einer Vorbemerkung der Redaktion]
428	14	*Brecht*, Bert [!Bertolt]: Grabschrift [Karl] Liebknecht/ Grabschrift [Rosa] Luxemburg. [Gedichte]
429	15-21	*Scheer*, Maximilian: Weimar und Auschwitz. [Über die Ermordung von Karl Liebknecht und Rosa Luxemburg, den aufkommenden deutschen Faschismus in der Zeit der Weimarer Republik und über das Konzentrationslager Auschwitz. Vgl. 499]
430	22-23	*Lenin*, W[ladimir] I[ljitsch]: Das rückständige Europa und das fortgeschrittene Asien. [Über die Beziehungen zwischen Europa und Asien.] (Veröffentlicht in der Zeitung „Prawda" Nr. 113, <317>, 31. <18.> Mai 1913.) [Mit einem Hinweis der Redaktion auf den 25. Todestag von Wladimir Iljitsch Lenin]
		431-433: August Strindberg. [Mit Hinweisen der Redaktion auf die Beiträge]
431	24	*Mann*, Thomas: [Äußerung über August Strindberg.] ([Entnommen der Arbeit] „Strindberg und Rußland" von Prof. Walter A[rtur] Berendsohn)
432	24-25	*Gorki*, Maxim: [Äußerung über August Strindberg.] ([Entnommen der Arbeit] „Strindberg und Rußland" von Prof. Walter A[rtur] Berendsohn)
433	26-41	*Strindberg*, August: Fastnacht. [Drama. Auszug.] (Aus dem Nachlaß übertragen von Emil Schering)
434	42-46	*Huppert*, Hugo: Krankheit der Literatur. ([Zur] literarischen Situation in Österreich.) [Mit einer Vorbemerkung der Redaktion]

435   47-52   *Hampel*, Bruno: Das mit dem Mais. (Kriegserlebnisse [im
                 zweiten Weltkrieg] in Rußland.) [Mit einer Vorbemer-
                 kung der Redaktion]
436   53-57   *Fontana*, Oskar Maurus: Schwestern. [Über ein Theater-
                 gastspiel im Strafhaus für Frauen mit der Schauspielerin
                 Irene Schäfer in der Zeit des Faschismus. Mit einer Vorbe-
                 merkung der Redaktion]
437   58-65   *Davitscho* [!*Daviĉo*], Oskar: Mütter und Söhne. (Ab-
                 schnitt aus der Reportage „Unter Griechenlands Partisa-
                 nen" […], die in Kürze im Dietz Verlag, Berlin, erscheinen
                 wird.) [Mit einer Vorbemerkung der Redaktion]
438   66-75   *Campe*, Helmuth [!Helmut; d.i. *Kantorowicz*, Alfred]:
                 Der Sohn des Bürgers. [Roman.] <13. Fortsetzung.>
                 [Enthält die Abschnitte:] Buch III – Zweites Kapitel. Die
                 willkommene Störung/Die Alternative für Hitler oder für
                 Hindenburg/Vorbereitungen. (Der Roman […] wird […]
                 fortgesetzt)
                 439-441: Marginalien
439   75-81   *Kantorowicz*, Alfred: Eine Antwort auf viele Fragen. [Er-
                 ster Teil eines Briefes an Herbert von F., Göttingen, vom
                 1. Weihnachtsfeiertag 1948, mit näheren Erläuterungen zu
                 seinem Referat über die internationale Weltlage in Ver-
                 gangenheit und Gegenwart, zu ungelösten Problemen
                 und Grundkonflikten unserer Zeit, das er auf einer Ta-
                 gung der „Gesellschaft Imhausen" gehalten hatte. Mit
                 einer Fußnote der Redaktion über die „Gesellschaft Im-
                 hausen".] (Ein weiterer Teil des […] Briefes […] wird […]
                 veröffentlicht.) [Vgl. 466]
440   81-82   *Schroeder*, Max: Axel Eggebrecht fünfzig
441   82-83   *Grabow*, Martin: Der Lohn des Genies. Zum 15. Todestag
                 Fritz Habers
                 442-444: Das Freie Buch
442   83-84   *Berendsohn*, Walter A[rtur]: Ilse Langner: „Zwischen den
                 Trümmern", [Gedichte, Aufbau-Verlag, Berlin 1948. Rez.
                 Mit Abdruck des Gedichtes „Rausch" von Ilse Langner]
443   84-85   *Joho*, Wolfgang: Günther [!Gunther] R[einhold] Lys:
                 „Kilometerstein 12,6", [Verlag Volk und Welt, Berlin
                 1948. Rez.]
444   85-86   *Drews*, Richard: Martin Kessel: „Aphorismen", [Ro-
                 wohlt, Stuttgart, Hamburg, Baden-Baden 1948. Rez.]
445   86-87   Neuerscheinungen. <Sichtung vorbehalten.> [14 Titel]
                 446: Tribüne der Jungen
446   87-90   *Kaetzler*, Marianne: Das Haus auf dem Berg. [Erzählung.
                 Mit Anmerkungen zur Person]
       91   [Bezugshinweise für die Zeitschrift „Ost und West"]
                 447-448: Ost- und West-Leser schreiben
447   91-94   *Losecaat von Nouhuys*, H[einz]: Deutsche Publizistik.
                 [Brief an die Redaktion der Zeitschrift „Ost und West"
                 über den gegenwärtigen Stand der deutschen Publizistik
                 in den westlichen Besatzungszonen Deutschlands]

	92	[Muster eines Bestellscheines für den Bezug der Zeitschrift „Ost und West"]
	93	[Werbung]
	94	[Werbung]
448	94	*Krüger*, I: [Brief an die Redaktion der Zeitschrift „Ost und West" über verspätete Zustellung der Zeitschrift. Mit einer Nachbemerkung der Redaktion]
	95-96	Ost und West veröffentlichte im zweiten Jahr vom Juli 1948 bis Dezember 1948. [Halbjahresregister]
	96	[Hinweis auf Generalvertretungen der Zeitschrift]
	III-IV	[Werbung]

Heft 2

Februar 1949

[Hefttitel:] Mao Tse Tung: Literatur in China

449	II	Schriftsteller. [Über den Beitrag von Mao Tse-Tung: Literatur in China. Vgl. 452]
	1	[Innentitel]
	1-2	Inhaltsverzeichnis
	2	[Impressum]
450	3	*Daumier*, Honoré <gestorben am 11. Februar 1879>: Arbeiter, prügelt euch nicht! Baut lieber eure Welt auf! [Zeichnung]
451	4-5	*Smedley*, Agnes: Mao Tse Tung [!Mao Tse-tung]. [Auszug aus dem Buch „Battle Hymn of China". Mit einer Vorbemerkung der Redaktion. Vgl. 452]
452	6-14	*Mao Tse Tung* [!*Mao Tse-tung*]: Literatur in China. ([Die] Analyse der Literatur in China [...] entstand 1942 als Reden auf einem Kongreß der führenden Schrifsteller des Freien China.) (Aus dem Englischen von Maximilian Scheer.) (Ein weiterer Teil [...] wird [...] veröffentlicht.) [Vgl. 449, 451, 482]
453	15	*Roch*, Herbert: [James] Langston Hughes. [Vgl. 454]
454	16-26	*Hughes*, [James] Langston: Weg eines Negers. [Zwei Kapitel aus der Autobiographie „The Big Sea", Verlag Alfred A. Knopf, New York. Enthält die Abschnitte:] Nach Afrika/Gesellschaftliches aus Washington. (Aus dem Amerikanischen von Herbert Roch.) [Vgl. 453]
455	27-32	*Graf*, Oskar Maria: Selbstporträt. [Geschrieben für die alte „Literarische Welt". Mit einer Vorbemerkung der Redaktion]
456	33-36	*Eisner*, Kurt: Krieg: Drei Szenen. [Mit einem Hinweis der Redaktion auf die Ermordung Kurt Eisners 1919]
457	37-40	*Scheer*, Maximilian: Mord. [Über die Ermordung Kurt Eisners im Jahre 1919 und zur Aufführung der Stücke „Die schmutzigen Hände" von Jean-Paul Sartre im Westberliner Renaissance-Theater und „Mutter Courage und

		ihre Kinder" von Bertolt Brecht im Deutschen Theater, Berlin]
458	41-43	*Ihering*, Herbert: Westdeutsche Spielpläne. [Über Spielpläne von Theatern in den westlichen Besatzungszonen Deutschlands]
459	44-48	*Drews*, Richard: Neue Vernebelung. [Über die Verlagstätigkeit in den westlichen Besatzungszonen Deutschlands]
460	48	*Heidenkamp*, Ulrich: Zu diesen Demokraten. [Zitat über den Neofaschismus in den westlichen Besatzungszonen Deutschlands aus:] („P W in Texas", erschienen 1946 im Minerva-Verlag, Berlin)
461	49-50	*Markham*, Edwin: Der Mann mit der Haue. [Gedicht. Mit einer Vorbemerkung der Redaktion.] (Aus dem Englischen übersetzt von Otto Nordt)
462	51-52	*Krupskaja*, N[adeshda] K[onstantinowna]: Leo [!Lew Nikolajewitsch] Tolstoi. Erinnerungen. [Mit einem Hinweis der Redaktion auf den zehnten Todestag von Nadeshda Konstantinowna Krupskaja.] (Aus dem Russischen von A[lfred] E[dgar] Thoss)
463	53-59	*Ehrenburg*, Ilja [Grigorjewitsch]: Anna. (Abschnitt aus [dem] neue[n] Roman „Sturm".) [Mit einer Vorbemerkung der Redaktion]
464	60-71	*Frank*, Bruno: Die Unbekannte. [Erzählung]
465	72-80	*Campe*, Helmuth [!Helmut; d.i. *Kantorowicz*, Alfred]: Der Sohn des Bürgers. [Roman]. <14. Fortsetzung.> [Enthält die Abschnitte:] Drittes Buch – Kapitel II Die Mitarbeiterin/Überlistete Nazis/Die kontradiktorische Aussprache. (Der Roman […] wird […] fortgestzt)
		466: Marginalien
466	81-86	*Kantorowicz*, Alfred: Fortsetzung des Briefes an Herrn v. F. [Vgl. 439]
		467-470: Das Freie Buch
467	86	*Joho*, Wolfgang: Die Gattung Mensch. [Rez. zu: Robert Antelme: „Die Gattung Mensch", Aufbau-Verlag, Berlin 1949]
468	87	*Victor*, Walther: Carl Schurz: „Aus den Erinnerungen eines Achtundvierzigers". (Neuherausgabe eines Teiles der Lebenserinnerungen von Carl Schurz [durch die] Herausgeber S[iegfried] Nestriepke und R. Ilgner, […] Gebrüder Weiß-Verlag, [Berlin 1948].) [Rez.]
469	88	*Linden*, Hermann: Chronik als Mahnmal. [Rez. zu: Jan Petersen: „Unsere Straße. Eine Chronik", Dietz-Verlag, Berlin 1947]
470	90	*Grabow*, Martin: Friedrich Wolf: „Zwei an der Grenze", [Roman, Aufbau-Verlag, Berlin 1948. Rez.]
471	90	Neuerscheinungen. <Sichtung vorbehalten.> [22 Titel]
		472: Tribüne der Jungen
472	91-93	*Weidenmüller*, Gerhard: Die Verfolgten. [Erzählung]
	91	[Werbung]
	92	[Werbung]

	93	[Werbung]
473	94-96	*Zweig*, Arnold: Offener Brief (an die Amerikanische Militär-Kommandantur des amerik[anischen] Berl[iner] Sektors [...] 27.1.1949.) [Über die Beschlagnahme des Januar-Heftes von „Ost und West". Mit einer Nachbemerkung der Redaktion]
	94	[Werbung]
	95	[Werbung]
	96	[Werbung]
	96	[Hinweis auf Generalvertretungen der Zeitschrift]
	III-IV	[Werbung]

Heft 3

März 1949

	I	Aus dem Inhalt
474	II	Spatzen und Menschen. [Über Erfahrungen der Menschen. Mit einem Hinweis auf den Beitrag von Albert Einstein. Vgl. 475]
	1	[Innentitel]
	1-2	Inhaltsverzeichnis
	2	[Impressum]
475	3-4	*Einstein*, Albert: Heute wie vor zwanzig Jahren. (Außenpolitische Wünsche für 1929)/(Aus einem Dankschreiben an die Royal Society anläßlich der Verleihung der goldenen Medaille.) [Über die internationale Lage.] (Faksimile der Handschrift von Albert Einstein.) [Vgl. 474]
476	5	*Kaiser*, Bruno: Moskau entdeckt deutsche Geschichte. [Über Handschriften von Georg Weerth in der Handschriftensammlung des Marx-Engels-Lenin-Instituts in Moskau. Vgl. 477]
477	6-7	*Weerth*, Georg: Die deutschen Verbannten in Brüssel. <1874.> [Gedicht. Vgl. 476, nach 520]
478	8-11	*Sládek*, Jan: Gedenktag der Okkupation. [Über die faschistische Okkupation der ČSR und über Beziehungen der tschechischen Republik zu den Besatzungszonen Deutschlands nach 1945.] (Prag, im März 1949.) (Aus dem Tschechischen übersetzt)
479	12-17	*Brandenstein*, Kurt: Brennendes Berlin. [Über Luftangriffe auf Berlin im zweiten Weltkrieg. Mit einer Vorbemerkung der Redaktion. Enthält die Abschnitte:] Struveshof/Auf dem Turm
480	18-24	*Petersen*, Jan: Reisende in der deutschen Nacht. [Erzählung]
481	25-26	*Simonow*, Konstantin [Michailowitsch]: Die Wilden. [Gedicht.] (Deutsch von Peter Berg)
482	27-33	*Mao Tse Tung* [!*Mao Tse-tung*]: Literatur in China. II. [Mit einer Vorbemerkung der Redaktion.] (Aus dem Englischen von Maximilian Scheer.) [Vgl. 452]

483   34-37   *Mailer*, Norman: Mein Glaube an die Lebenden. [Gedanken des nordamerikanischen Schriftstellers über die internationale Weltlage. Mit einer Vorbemerkung der Redaktion.] (Aus dem Amerikanischen von Herbert Roch)

484   38-40   *Wiegler*, Paul: Träumer und Rebell. [Über Bernhard Kellermann]

485   41-44   *Weisenborn*, Günther: Gedichte. [Enthält:] Traumlied/Flaschenpost/Choral von dieser Minute/Weizenchoral/Vokation

486   45-57   *Gorbatow*, Boris [Leontjewitsch]: Geburt in der Arktis. [Mit einer Vorbemerkung der Redaktion]

487   58-71   *Zweig*, Arnold: Vorfrühling. [Novelle]

488   72-80   *Campe*, Helmuth [!Helmut; d.i. *Kantorowicz*, Alfred]: Der Sohn des Bürgers. [Roman.] <5. Fortsetzung.> [Enthält die Abschnitte:] Die Jungfern-Rede/Eine andere Entscheidung. (Der Roman [...] wird [...] fortgesetzt)
         489-492: Marginalien

489   81-82   *Marek*, Ferdinand: „Kultur ist ein rein deutscher Begriff". [Über die Kultur der Deutschen und die satirische Verwendung des Begriffes Kultur in der Westberliner Presse.] (Aus dem Tschechischen übersetzt)

490   82-83   *Grabow*, Martin: „Entartete Kunst". Wilhelm Lehmbruck zum dreißigsten Todestag. <25. März>

491   84-85   *Schirrmeister*, Hermann: Hussitenlegenden. [Über die Überlieferung des Hussitenfeldzuges gegen deutsche Fürsten und Städte]

492   85   *Kakuz*, Kaspar: Asphalt. [Gedicht]
         493-496: Das Freie Buch

493   86-87   *Pollatschek*, Walther: Eine kritische Friedrich-Engels-Ausgabe. [Rez. zu: Friedrich Engels: „Ludwig Feuerbach und der Ausgang der klassischen deutschen Philosophie", mit einem Anhang hrsg. von Hans Hajek, Felix Meiner Verlag, Leipzig 1946]

494   87-88   *Drews*, Richard: Herbert Roch: „Bootsfahrten", [Essayband, Ullstein-Kindler-Verlag, München 1948. Rez.]

495   88-90   *Weidenmüller*, Gerhard: Lyrik zwischen Gestern und Heute. [Rez. zu den Lyrikbänden: „Welten" von Gertrud Chodziesner-Kolmar, Suhrkamp-Verlag, Berlin 1947, „In den Wohnungen des Todes" von Nelly Sachs, Aufbau-Verlag, Berlin 1947, „Menschliches Brevier" von Susanne Kerckhoff, Verlag Lied der Zeit, Berlin 1948, „Wanderer ohne Ende" von Paul Mayer, F. A. Herbig, Berlin-Grunewald 1948, „Die Gitterharfe. Gedichte 1933-1945" von Hans Lorbeer, Dietz-Verlag, Berlin 1948, „Der Lebenslauf" von Berthold Viertel, Aufbau-Verlag, Berlin 1947]

496   90-91   *Cwojdrak*, Hans Günther: Heinz Rein: „Finale Berlin", [Roman, Dietz-Verlag, Berlin 1947. Rez.]
         497: Tribüne der Jungen

497   91-92   *Juhre*, Arnim: [Anmerkungen zur Person. Gedichte:] Selbstporträt/Wir fahren mit

498	92-94	Neuerscheinungen. <Sichtung vorbehalten.> [22 Titel]
	93	[Werbung]
		499-500: Ost- und West-Leser schreiben
499	94-96	*Bahder,* Mathilde: [Brief an die Redaktion der Zeitschrift „Ost und West" über den Beitrag „Weimar und Auschwitz" von Maximilian Scheer. Vgl. 429]
	95	[Werbung]
500	96	*Wienskowski,* Eduard: [Brief an die Redaktion der Zeitschrift „Ost und West" zum Bezug der Zeitschrift. Mit einer Nachbemerkung der Redaktion]
	96	[Werbung]
	96	[Hinweis auf Generalvertretungen der Zeitschrift]
	III	[Angebot zur Lieferung der bisher erschienenen Jahrgänge der Zeitschrift „Ost und West"]
	IV	[Hinweise zum Bezug der Zeitschrift „Ost und West"]

Heft 4

April 1949

	I	Aus dem Inhalt
501	II	Eine gemeinsame Sprache finden. ([Über die] lebensnotwendige Verständigung von uns Deutschen [und über die Erzählung „Die jungen Leute" von Louis Aragon].) [Vgl. 507]
	1	[Innentitel]
	1-2	Inhaltsverzeichnis
	2	[Impressum]
502	3	*Herder,* [Johann] Gottfried: Die Pest. [Ausspruch über den Krieg]
503	4-7	*M-n S.* [d.i. *Scheer,* Maximilian]: Kannibalen. [Über den Weltfriedenskongreß der Kulturschaffenden in New York. Vgl. 516]
504	8-9	*Vries,* Theun de: Mein chinesischer Bruder. [Gedicht. Mit einer Vorbemerkung der Redaktion.] (Deutsch von Edith Rost-Blumberg)
505	10-14	*Kantorowicz,* Alfred: Goethes wunderliches „Kind". [Über Bettina von Arnims Briefwechsel mit Johann Wolfgang Goethe.] (Eine Auswahl [...] wird [...] unter dem Titel „Du wunderliches Kind ..." im Alfred Kantorowicz Verlag erscheinen)
506	15-22	*Arnim,* Bettina von: Erste Begegnung mit Goethe. An Goethes Mutter [Aja]. Am 16. Mai 1807. [Brief]/Begegnung mit [Ludwig van] Beethoven. An [Johann Wolfgang] Goethe. Wien, am 28. Mai 1810. [Brief]
507	23-44	*Aragon,* Louis: Die jungen Leute. [Erzählung.] (Aus dem Französischen von Martin Grabow.) [Vgl. 501]
508	45-52	*London,* Jack: Ein Sohn der Arbeiterklasse. [Autobiographisches.] (Übertragen von Karl Heinrich)

509   53-54   *Düwel*, Wolf: M[ichail] J[ewgrafowitsch] Ssaltykov-Sstschedrin [!Saltykow-Schtschedrin]. [Vgl. 510]

510   55-59   *Ssaltykov-Stschedrin* [!*Saltykow-Schtschedrin*, Michail Jewgrafowitsch]: Der Liberale. [Märchen.] (Aus dem Russischen übersetzt von Wolf Düwel.) [Vgl. 509]

511   60-67   *Scheer*, Maximilian: Der Hauswart. (Abschnitt aus [dem] Buch „Begegnungen in Europa und Amerika", das demnächst im Alfred Kantorowicz Verlag erscheint.) [Über Rassendiskriminierung in den USA. Mit einer Vorbemerkung der Redaktion]

512   68-73   *Rheinhardt*, E[mil] A[lfons]: Die [Eleonora] Duse auf Reisen. [Abschnitt aus dem Buch „Weg in die Welt". Mit einer Vorbemerkung der Redaktion]

513   74   *A. K.* [d.i. *Kantorowicz*, Alfred]: Ludwig Renn zum 60. Geburtstag

514   75-77   *Kahle*, Hans: Renn-Premiere in einer katalonischen Kleinstadt. [Über die Aufführung des Stückes „Mein Esel, meine Frau und die Ziege" von Ludwig Renn in Anwesenheit des Schriftstellers im spanischen Bürgerkrieg.] (Ebrofront, August 1938)

515   78-84   *Campe*, Helmuth [!Helmut; d.i. *Kantorowicz*, Alfred]: Der Sohn des Bürgers. [Roman.] <16. Fortsetzung.> [Enthält die Abschnitte:] Die Stunde nach dem Erwachen/Der erste Mai. (Der Roman [...] wird [...] fortgesetzt)

        516-517: Marginalien/Zeitdokumente

516   85-89   *Fadejew*, A[lexander] A[lexandrowitsch]: Es lebe die Freundschaft der Völker! [Ansprache auf dem Weltfriedenskongreß der Kulturschaffenden in New York. Mit einer Vorbemerkung der Redaktion. Vgl. 503]

517   90-93   *Meyer-Hepner*, Gertrud: Die Berufung der Gebrüder [Jacob und Wilhelm] Grimm nach Berlin. [Über das Verdienst Bettina von Arnims an der Berufung der Gebrüder Grimm]

        518-519: Das Freie Buch

518   93   *Joho*, Wolfgang: Jean Cassou: „Massaker von Paris", [Roman, deutsch von Eva Klemperer, Verlag Volk und Welt, Berlin 1948. Rez.]

519   94   *Grabow*, Martin: Eduard Claudius: „Salz der Erde", [Erzählung, Verlag Volk und Welt, Berlin 1948. Rez.]

520   95-96   Neuerscheinungen. <Sichtung vorbehalten.> [22 Titel]

        95   [Werbung]

        96   Berichtiung. [Zum Entstehungsdatum des Gedichts von Georg Weerth „Die deutschen Verbannten". Vgl. 477]

        96   [Werbung]

        96   [Hinweis auf Generalvertretungen der Zeitschrift]

        III-IV   [Werbung]

Heft 5

Mai 1949

	I	Aus dem Inhalt
521	II	Die beiden Lager. [Über Deutschlands Geschichte in den beiden letzten Jahrhunderten]
	1	[Innentitel]
	1-2	Inhaltsverzeichnis
	2	[Impressum]
522	3	*Landauer,* Gustav: Über den Krieg. [Ausspruch.] (Geschrieben vor dem ersten Weltkrieg)
523	4-6	*Zweig,* Arnold: Gustav Landauer zum Gedächtnis
524	7-11	*Joho,* Wolfgang: So war es am neunten Mai. (Abschnitt aus [der] Erzählung „Das Schlußlicht".) [Vgl. nach 543]
525	12-22	*Weyrauch,* Wolfgang: Der alte Stiefel. [Brief an Sophie Dorothee Podewils über ihr Buch „Wanderschaft", Roman, Suhrkamp Verlag, Berlin und Frankfurt/Main 1948. Mit einer Vorbemerkung der Redaktion]
526	23-24	*Losecaat v[on] Nouhuys,* Heinz: Italienische Notizen. [Über die kulturelle Lage nach 1945 in Italien]
527	25-27	*Vittorini,* Elio: Die Wüste. [Prosa. Mit einer Vorbemerkung der Redaktion.] (Aus dem Italienischen von H[einz] Losecaat v[on] Nouhuys. Nachdruck nur mit Genehmigung des Autors)
528	28-31	*Malaparte,* Curzio: Die Gekreuzigten. (Auszug aus [dem Roman] „La Peau" [„Die Haut"].) [Mit einer Vorbemerkung der Redaktion.] (Deutsche Bearbeitung von H[einz] Losecaat v[on] Nouhuys. Nachdruck nur mit Genehmigung des Autors)
529	32-53	Befreiung. Eine Tragi-Komödie. [Auszug aus einem dramatischen Erstlingswerk eines jungen Nachwuchsdramatikers, der seinen Namen noch verschweigen möchte. Mit einer Vorbemerkung der Redaktion]
530	54-59	*Hell* [d.i. *Tschesno-Hell*], Michael: Unter Prominenten. [Über eine Zusammenkunft sowjetischer Schriftsteller mit namhaften Persönlichkeiten in Moskau, 24.4.1948. Enthält die Abschnitte:] Ein ungewöhnliches Rendezvous/Sekunde und Metermaß/Ich will alles wissen/Der schöne Refrain/Der Ruf der Sirene/Die große Wahrheit. [Vgl. nach 543]
531	60-65	*Petran,* Tabitha: Das andere Amerika. Leo Krzycki. [Über den Präsidenten des amerikanischen Slawen-Kongresses seit seiner Gründung. Mit einer Vorbemerkung der Redaktion.] (Aus dem Amerikanischen von Herbert Roch)
532	66-76	*Maltz,* Albert: Der glücklichste Mensch auf Erden. [Erzählung.] (Aus dem Amerikanischen von Edith von Holst)
533	77-81	*Campe,* Helmuth [!Helmut; d.i. *Kantorowicz,* Alfred]: Der Sohn des Bürgers. [Roman.] <17. Fortsetzung.> (Der Roman [...] wird [...] fortgesetzt)

534-538: Marginalien/Zeitdokumente

534   82-85   *Noack*, Ulrich: Entwurf zu einem Neutralisierungsvertrag für Deutschland. (Darlegung und Begründung [der] Thesen zur Neutralisierung Deutschlands [des Professors für neue Geschichte an der Universität Würzburg, des geistigen Vaters des sogenannten Nauheimer Kreises].) [Mit einer Vorbemerkung der Redaktion]

535   86-88   *Stenbock-Fermor*, Alexander Graf: Ernst [Karl August] Niekisch. Zu seinem 60. Geburtstag am 23. Mai 1949

536   89   *Kakuz*, Kaspar: Des Bonner Rates Rätselsong. [Gedicht]

537-538: Das Freie Buch

537   89-90   *Pollatschek*, Walther: [Carl] Zuckmayer als Märchenerzähler. Vom „Fröhlichen Weinberg" zu den „Brüder Grimm". [Rez. zu: Carl Zuckmayer: „Die Brüder Grimm", Suhrkamp Verlag, Frankfurt/Main 1948]

538   91-92   *Roth*, Herbert: Peter Huchel: Gedichte. (Aufbau-Verlag, Berlin [1948].) [Rez.]

539-540: Tribüne der Jungen

539   92   *Fabian*, Wolfgang: Schon wieder. [Gedicht]

540   93-94   *Diere*, Horst: Mut zum Denken. [Autobiographisches]

541   94   Neuerscheinungen. <Sichtung vorbehalten.> [12 Titel]

542-543: Ost- und West-Leser schreiben

542   95-96   *Juhre*, Arnim: [Brief an Alfred Kantorowicz zur Rubrik „Tribüne der Jungen" in der Zeitschrift „Ost und West". Vgl. 543]

    95   [Werbung]

543   96   *Kantorowicz*, Alfred: Antwort des Herausgebers. [Antwortbrief an Arnim Juhre. Vgl. 542]

    96   Bemerkungen zu unseren Beiträgen: [Quellennachweis zu den Beiträgen von Michael Hell, d.i. Tschesno-Hell, und Wolfgang Joho. Vgl. 530, 524]

    96   [Werbung]

    96   [Hinweis auf Generalvertretungen der Zeitschrift]

    III-IV   [Werbung]

Heft 6

Juni 1949

    I   Aus dem Inhalt

544   II   Zwei Jahre. [Über die Mitarbeiter in der Redaktion der Zeitschrift „Ost und West"]

    1   [Innentitel]

    1-2   Inhaltsverzeichnis

    2   [Impressum]

545   3-8   *Mann*, Thomas: Deutschland. [Aufsatz, 1942 in den USA geschrieben. Über die gegenwärtige Lage in Deutschland.] ([Mit der] Hoffnung auf die moralische Genesung Deutschlands und seine Eingliederung in eine sozial verbesserte Völkerordnung.) [Mit einer Vorbemerkung der Redaktion]

546   9-12   *Zweig,* Arnold: Romanze vom Kinderwagen. [Gedicht. Vgl. nach 588]

547   13-20   *Mann,* Heinrich: Der Roman, Typ Feuchtwanger. [Lion Feuchtwanger zum 65. Geburtstag. Mit einer Vorbemerkung der Redaktion]

548   21   *Brecht,* Bertolt: Gruß an [Lion] Feuchtwanger. (Berlin, Juni 1949)

549   22-32   *Andersen Nexö,* Martin: Morten der Rote. (Bisher unveröffentlichte Einleitung [zum Roman] „Morten der Rote", [der] demnächst im Dietz Verlag, [Berlin,] erscheint.) [Mit einer Vorbemerkung der Redaktion]

550   33-34   Alexander S[ergejewitsch] Puschkin. Zu seinem 150. Geburtstag. [Zusammenstellung von Aussprüchen über und von Alexander Sergejewitsch Puschkin:] Nikolai [Wassiljewitsch] Gogol an [Pjotr Alexandrowitsch] Pletnjow, 1837/N[ikolai] G[awrilowitsch] Tschernyschewski/Vissarion [!Wissarion Grigorjewitsch] Belinski/[Nikolai Alexandrowitsch] Dobroljubow/Maxim Gorki/Thomas Mann/W[ladimir] I[ljitsch] Lenin/[Alexander Sergejewitsch] Puschkin über die Literatur, 1828. (Ausgewählt von Hans Rodenberg)

551   35-44   *Puschkin,* Alexander S[ergejewitsch]: Briefe. [Enthält die Briefe:] An Wassilij Ljowitsch Dawydow <?>, Kischinew erste Hälfte März <?> 1821/An Lew Sergejewitsch Puschkin <französisch>, Kischinew <September/Oktober> 1822/An Lew Sergejewitsch Puschkin, Odessa, 25. August 1823/An Lew Sergejewitsch Puschkin, Odessa <im Januar> 1824/An Wassilij Ljwowitsch Dawydow <?> <Entwurf französisch>, Kischinew-Odessea <Juni 1823 bis Juli 1824>/An Alexander Iwanowitsch Turgenjew, Odessa, 14. Juli 1824/An Natalja Nikolajewna Puschkina, St. Petersburg, 8. Juni 1834/An die Oberste Zensurverwaltung, St. Petersburg <Oktober> 1835/An den Grafen Alexander Christophorowitsch Benkendorf, St. Petersburg, 31. Dezember 1835/An den Baron Heekkeren <Französisch>, St. Petersburg, 21. November 1836

552   45-52   *Leonhard,* Rudolf: Ausbruch. [Autobiographische Erzählung über den Ausbruch aus einem französischen Lager nach dem Bürgerkrieg in Spanien. Mit einer Vorbemerkung der Redaktion]

553   53-56   *Wood,* Charles E[rskine] S[cott]: Ist Gott Jude? [Dramenauszug. Mit einer Vorbemerkung der Redaktion.] (Aus dem Amerikanischen von Maximilian Scheer.) [Vgl. 404]

554   57-59   *Scheer,* Maximilian: Die Rache. [Über den französischen Schriftsteller Louis-Ferdinand Céline]

555   60-65   *Anderson,* Edith: Lorette. [Erzählung. Mit einer Vorbemerkung der Redaktion.] (Aus dem Amerikanischen von Max Schroeder)

556   66-75   *Campe,* Helmuth [!Helmut; d.i. *Kantorowicz,* Alfred]: Der Sohn des Bürgers. [Roman.] <18. Fortsetzung.>

[Enthält die Abschnitte:] Die Freundinnen/Lillys „Auftrag". (Der Roman [...] wird [...] fortgesetzt)
557: Marginalien

557   76-77   *Drews*, Richard: Die Sprache. [Über die deutsche Sprache]
558-559: Die Szene

558   78-80   *Schroeder*, Max: Berliner Bühnen. [Enthält die Abschnitte:] Eulenspiegel/Der Moskauer Charakter. [Über die Aufführung der Stücke: „Eulenspiegel" von Günther Weisenborn im Westberliner Hebbel-Theater und „Der Moskauer Charakter" von Anatoli Wladimirowitsch Sofronow im Haus der Sowjetkultur, Berlin]

559   80-84   *Ege*, Friedrich: Finnland als Theaterland. [Über Theater in Finnland]
560-561: Das Freie Buch

560   85   *Zimmering*, Max: Ein zu himmlisches Fenster. [Rez. zu: Hermann Linden: „Das himmlische Fenster", Erzählungen, Verlag Christian Wolff, Flensburg und Hamburg 1948]

561   85-88   *Schacht*, Roland: „Deutsche im Banne Griechenlands". [Rez. zu: Eliza Marian Butler: „Deutsche im Banne Griechenlands", Der Neue Geist Verlag, Berlin 1948]

562   88-89   Neuerscheinungen. <Sichtung vorbehalten.> [30 Titel]
563-564: Tribüne der Jungen

563   89-90   *Tkaczyk*, Wilhelm: Deutschland, ein Schiff. [Gedicht.]

564   90-93   *Reinecke*, Hans-Georg: Rendezvous mit Berlin. [Erzählung]

        91   [Werbung]

        92   [Werbung]

        93   [Werbung]

        94-96   Ost und West veröffentlichte im zweiten Jahr vom Januar 1949 bis Juni 1949. [Halbjahresregister]

        96   [Hinweis auf Generalvertretungen der Zeitschrift]

        III-IV   [Werbung]

Heft 7

Juli 1949

[Hefttitel:] Ost und West 25

        I   Aus dem Inhalt

565   II   *M-n S.* [d.i. *Scheer*, Maximilian]: Bastille. [Über die Geschichte Frankreichs]

        1   [Innentitel]

        1-2   Inhaltsverzeichnis

        2   [Impressum]

566   3-13   *Fast*, Howard [Melvin]: Frieden ist kein Geschenk. [Über den Weltfriedenskongreß der Kulturschaffenden in New York, März 1949. Mit einer Vorbemerkung der Redaktion.] (Aus dem Amerikanischen von Herbert Roch)

567	14	*Klopstock,* Friedrich Gottlieb: Die Etats Généraux. 1788. [Gedicht. Mit einem Hinweis der Redaktion auf den 225. Geburtstag von Friedrich Gottlieb Klopstock]
568	15-19	*Leonhard,* Rudolf: [Johann] Georg [Adam] Forster. [Vgl. 569]
569	20-26	*Forster,* [Johann] Georg [Adam]: Das Ziel: Mensch zu sein. [Enthält:] Der Eid auf dem Marsfelds/Zweierlei Maß der Presse. Mainz, den 25. Juli 1791/Aus Briefen: Mainz, den 5. Juni 1792/Mainz, den 12. Juli 1791/Mainz, den 21. November 1792/Mainz, den 24. Mai 1792/Mainz, den 8. Dezember 1792/[Auszüge:] Der Krieg/Das Verbrechen des Krieges/Zeitmangel und Kultur/Radikalismus/Geist und Tat/Sprachkultur/Schriftstellerexistenz/Bedeutung der Literatur/Bekanntschaft mit [Johann Wolfgang] Goethe/Auf dem Sterbebett. [Vgl. 568]
570	27-28	*Petöfi,* Alexander [!Sandor]: Still ist Europa. 1849. [Gedicht. Mit einer Vorbemerkung der Redaktion]
571	29-33	*Schickele,* René: Ein Mann spricht zum Volk. [Porträt des französischen Sozialistenführers Jean Jaurès. Mit einer Vorbemerkung der Redaktion]
572	34	*Huch,* Ricarda: [Faksimileauszug aus der später fixierten Begrüßungsrede auf dem 1. deutschen Schriftstellerkongreß in Berlin 1947 für den Abdruck in der Zeitschrift „Ost und West". Mit einer Vorbemerkung der Redaktion. Vgl. 63]
573	35-38	*Wolf,* Friedrich: Tai Yang erwacht. [Auszug aus dem Drama. Mit einer Vorbemerkung der Redaktion. Vgl. nach 606]
		574-575: Chinesische Gedichte. (Diese beiden Gedichte entstanden im befreiten China)
574	39-40	*Ai Tschin:* Der Morgen kündigt sich an. [Gedicht.] (Nachdichtung von Susanne Wantoch)
575	40	*Lu Li:* Als ich die Augen aufschlug. [Gedicht.] (Nachdichtung von Susanne Wantoch)
576	41-45	*Cwojdrak,* Hans Günther: Arnold Zweigs Romanzyklus [„Der große Krieg der weißen Männer". Über die Romane „Junge Frau von 1914", „Erziehung vor Verdun", „Der Streit um den Sergeanten Grischa" und „Einsetzung eines Königs"]
577	46-52	*Brandligt,* Walter: Der Mächtige. [Erzählung. Mit einer Vorbemerkung der Redaktion.] (Aus dem Niederländischen von Heinz Noah)
578	53-64	*Kantorowicz,* Alfred: Harries Kester. [Über Begegnungen mit Harries Kester, zuletzt in einem Lager in Frankreich im Juni 1940]
579	65-69	*Weyrauch,* Wolfgang: Von den toten Männern. [Gedicht]
580	70-76	*Cassou,* Jean: Der Arme. [Erzählung.] (Aus dem Französischen von Karl Heinrich)
581	77-84	*Campe,* Helmuth [!Helmut; d.i. *Kantorowicz,* Alfred]: Der Sohn des Bürgers. [Roman.] <19. Fortsetzung.>

		[Enthält den Abschnitt:] Der Haftbefehl. (Der Roman […] wird […] fortgesetzt)
		582-583: Marginalien
582	85-86	*Schirrmeister*, Hermann: Das weiße Haus. ([Über] das „OdF"-Kinderheim des Bezirksausschusses Berlin-Weißensee)
583	87-88	*Havemann*, Hans: Das Beispiel einer Frau. Zum 15. Todestag von Marie Curie am 4. Juli
		584: Die Szene
584	88-90	*Schroeder*, Max: Barbara Blomberg. [Über Carl Zuckmayers Schauspiel „Barbara Blomberg", Hebbel-Theater, Westberlin, und Arthur Millers Nachkriegsschauspiel „Alle meine Söhne" im Theater am Schiffbauerdamm, Berlin. Mit der Zwischenüberschrift:] Alle meine Söhne
		585-586: Das Freie Buch
585	90-91	*Grabow*, Martin: Ludwig Winder: „Die Pflicht", [Roman, Verlag Volk und Welt, Berlin 1949. Rez.]
586	91-92	*Juhre*, Arnim: Georg Holmsten: „Der Brückenkopf. [Bericht vom Zusammenbruch einer Armee", Aufbau-Verlag, Berlin 1948. Rez.]
587	92-93	Neuerscheinungen. <Sichtung vorbehalten.> [24 Titel]
	93	[Werbung]
		588: Tribüne der Jungen
588	94,96	*Euler*, Ingeborg: Ich wollte nach Wannsee fahren. [Prosa]
	95	[Werbung]
	96	„Romanze vom Kinderwagen" [von Arnold Zweig in Heft 6/1949 ist Lion Feuchtwanger zu seinem 65. Geburtstag gewidmet. Hinweis der Redaktion. Vgl. 546]
	96	[Werbung]
	96	[Hinweis auf Generalvertretungen der Zeitschrift]
	III-IV	[Werbung]

Heft 8

August 1949

	I	Aus dem Inhalt
589	II	Besinnliche Huldigung. [Über den 200. Geburtstag von Johann Wolfgang Goethe. Hinweise auf 590, 591, 594, 593, 595, 592 und 596]
	1	[Innentitel]
	1-2	Inhaltsverzeichnis
	2	[Impressum]
590	3-17	*Rolland*, Romain: Stirb und Werde. (Essay […] zum 100. Todestage [Johann Wolfgang] Goethes, 1932 geschrieben.) [Mit einer Vorbemerkung der Redaktion.] (Aus dem Französischen von Hans Leo Götzfried.) [Vgl. 589]
591	18-21	*Belinski*, W[issarion] G[rigorjewitsch]: [Wolfgang] Menzel, ein Kritiker [Johann Wolfgang] Goethes. [Abdruck aus der Streitschrift gegen den deutschen Kritiker Wolf-

gang Menzel. Mit einer Vorbemerkung der Redaktion.]
(Aus dem Russischen von Marga Müller.) [Vgl. 589]

592 22-27 *Zweig*, Arnold: Über die Verfasser von [Johann Wolf-
gang] „Goethes" Werken. [Mit einem Nachbericht von
Arnold Zweig über die Entstehung des Scherzbeitrages
über Johann Wolfgang Goethe anläßlich des 81. Geburts-
tages von Sigmund Freud. Mit einer Vorbemerkung der
Redaktion. Vgl. 589]

593 28-34 *Boy-Zeleński* [!*Zeleński*], Tadeusz: Ich las Werther. [Über
Goethes Roman „Die Leiden des jungen Werthers". Mit
einer Vorbemerkung der Redaktion.] (Autorisierte Über-
setzung aus dem Polnischen von C[urt] Poralla.) [Vgl.
589]

594 35-40 *Pascal*, Roy: [Johann Wolfgang] Goethe und die Demo-
kratie. [Über die Persönlichkeitsentwicklung Johann
Wolfgang Goethes und seine Stellung am Weimarer Hofe.
Mit einer Vorbemerkung der Redaktion. Vgl. 589]

595 41-45 *Zarjan* [!*Sarjan*], Nairi: [Johann Wolfgang] Goethe und
[Ludwig van] Beethoven. [Gedicht. Mit einer Vorbemer-
kung der Redaktion.] (Aus dem Russischen von D.
Bauckmann.) [Vgl. 589]

596 46-68 *Kantorowicz*, Alfred: Thomas Mann im Spiegel seiner
politischen Essays. <Eine Kompilation.> [Vgl. 589]

597 69-71 *Molo*, Walter von: Augsburger Religionsgespräch. [Dra-
menauszug]

598 72-74 *Kästner*, Erich: Epigramme. [Enthält:] Präzision/Zum ei-
genen Geburtstag/Auch eine Auskunft/Eine Mutfra-
ge/Der schöpferische Irrtum/Folgenschwere Verwechs-
lung/Der Sanftmütige/In Memoriam Memoriae/Doppel-
ter Salto/Mut zur Trauer/Moral/Damentoast im Obstgar-
ten/Reden ist Silber/Kalenderspruch/Von Mord und Tot-
schlag/Sokrates zugeeignet/Für Stammbuch und Stamm-
tisch

599 75-80 *Campe*, Helmuth [!Helmut; d.i. *Kantorowicz*, Alfred]:
Der Sohn des Bürgers. [Roman.] <20. Fortsetzung.>
[Enthält den Abschnitt:] Erika. (Schluß folgt)

     600-602: Tribüne der Jungen

600 81 *Rudorf*, Günter: Straßen. [Gedicht. Anmerkung zur Per-
son]

601 81-83 *Auer*, Annemarie: Die Lossprechung. [Erzählung. Mit einer Nachbemerkung der Redaktion. Anmerkung zur Per-
son]

602 84-86 *Rudloff*, Erika: Pinselstriche. [Erzählung. Anmerkung
zur Person]

     603-604: Marginalien

603 88-89 *Schroeder*, Max: Rückblick auf den Berliner Theaterwin-
ter. [Über die Spielzeit 1948/49]

604 90-92 *Reissig*, Ernst: Das [Johann Wolfgang] Goethe-Jahr in
Westdeutschland. [Über die Aufführung von „Faust I" im
Düsseldorfer Schauspielhaus, von „Tasso" im Bochumer

		Stadttheater und zur Goethe-Ausstellung und Goethe-Feier in Bielefeld]
		605-606: Das Freie Buch
605	93-94	*Drews,* Richard: Ausgewählter [Johann Wolfgang] Goethe. [Über die von Paul Wiegler herausgegebene „Goethe-Ausgabe in sechs Bänden", Aufbau-Verlag, Berlin 1949. Rez.]
	93	[Werbung]
606	94-96	*Victor,* Walther: Johannes Resch: „Goethe. Vermächtnis und Aufruf. Eine Einführung". (Verlag Neues Leben, Berlin 1949.) [Rez.]
	95	[Werbung]
	96	[Werbung]
	96	[Hinweis auf Generalvertretungen der Zeitschrift]
	96	[Hinweis der Redaktion: Quellennachweis zum Schauspiel „Tai Yang erwacht" von Friedrich Wolf. Vgl. 573]
	III-IV	[Werbung]

Heft 9

September 1949

[Hefttitel:] Krieg und Frieden. Howard Fast. Arnold Zweig. Rudolf Kurtz. Roland Schacht. Stephan Hermlin. Horst Lange. Bruno Hampel. Herbert Burgmüller. Die Kriegsgeneration hat das Wort

607	II	Krieg oder Frieden. [Über die Erhaltung des Friedens im Atomzeitalter als eine Lebensfrage für die ganze Welt. Hinweise auf 609, 610, 611, 612, 617 und 616]
	1	[Innentitel]
	1-2	Inhaltsverzeichnis
	2	[Impressum]
608	3-9	*Fast,* Howard [Melvin]: Die Intellektuellen im Kampf für den Frieden. [Aus dem Appell an die amerikanischen Intellektuellen, für die Erhaltung des Friedens zu kämpfen. Mit einer Vorbemerkung der Redaktion.] (Aus dem Amerikanischen von Hilde Eisler.) [Vgl. 607]
609	10-21	*Hampel,* Bruno: Der Irrtum. [Erzählung. Vgl. 607]
610	22-39	*Lange,* Horst: Und der Mond ward wie Blut ... (Die [...] Erzählung ist einem Roman-Manuskript [...] entnommen.) [Mit einer Vorbemerkung der Redaktion. Vgl. 607]
611	40-65	*Hermlin,* Stephan: Die Zeit der Einsamkeit. [Erzählung. Vgl. 607]
612	66-70	*Burgmüller,* Herbert: Politik als geistige Verpflichtung. [Über die Wechselbeziehung zwischen Geist und Politik. Vgl. 607]
	70	[Hinweis der Redaktion zur Verschiebung des Abdrucks vom Schluß des Romans „Der Sohn des Bürgers" von Helmut Campe]

		613-615: Tribüne der Jungen
613	71-72	*Kunert*, Günter: Gebet zur Nacht und zum lernen/Unter einer Decke von Beton. [Gedichte. Anmerkung zur Person]
614	72-75	*Bienek*, Horst-Harry: Warum? [Erzählung. Anmerkung zur Person]
615	75-77	*Grothe*, Wolfgang: Der Totenkongreß. [Erzählung.] (Aus der Sammlung neuer deutscher Geschichten „Tausend Gramm", [...] Rowohlt, Hamburg [...].) [Anmerkung zur Person]
		616-617: Marginalien
616	78-80	*Kurtz*, Rudolf: Paul Wiegler. [Vgl. 607]
617	80-83	*Zweig*, Arnold: Erste Begegnung mit Sigmund Freud. Am 23. September jährt sich der Todestag von Sigmund Freud zum zehnten Mal. [Vgl. 607]
		618-622: Das Freie Buch
618	84-86	*Kantorowicz*, Alfred: Die echten Märtyrer. [Rez. zu: „Besonders jetzt tu Deine Pflicht. Briefe von Antifaschisten, geschrieben vor ihrer Hinrichtung", VVN-Verlag, Potsdam 1948]
619	86-89	*Schacht*, Roland: Die Geschlagenen. [Rez. zu: Hans Werner Richter: „Die Geschlagenen", Verlag Kurt Desch, München 1949]
620	89-90	*Zak*, Eduard: Wolfgang Borchert. Das Gesamtwerk, [Rowohlt, Hamburg, Stuttgart, Berlin, Baden-Baden; Verlag Hamburgische Bücherei, Hamburg 1949. Rez.]
621	90-95	*Joho*, Wolfgang: Ernest [Miller] Hemingway und der spanische Krieg. Zu dem Roman „Wem die Stunde schlägt", [Suhrkamp, Berlin, Frankfurt/Main 1948. Rez.]
	93	[Werbung]
622	95-96	*Grabow*, Martin: Horst Lommer: „Von Zeit zu Zeit". Verse und Szenen, [Aufbau-Verlag, Berlin 1949. Rez.]
	95	[Werbung]
	96	[Werbung]
	96	[Hinweis auf Generalvertretungen der Zeitschrift]

Heft 10

Oktober 1949

[Hefttitel:] Heil „Freie Wahl"

	I	Aus dem Inhalt
623	II	Veränderungen. [Über Mitarbeiterveränderungen in der Redaktion der Zeitschrift „Ost und West". Hinweise auf 626, 625, 628, 624, 641, 633, 635, 629, 631, 630 und 634]
	1	[Innentitel]
	1-2	Inhaltsverzeichnis
	2	[Impressum]

624	3-4	*Mann*, Heinrich: Das Gewissen der Mitwelt. [Würdigung für Carl von Ossietzky nach seinem Tode in Nazihaft am 4. Mai 1938. Mit einer Vorbemerkung der Redaktion. Vgl. 623]
625	5-14	*Taper*, Bernhard: Heil „Freie Wahl". [Auszüge aus einem Artikel für die Monatszeitschrift „Harpers' Magazine" über die Demokratisierungs-Versuche der westlichen Besatzungsmächte bei den Wahlen in Schwäbisch-Gmünd. Vgl. 623]
626	15-19	*Scheer*, Maximilian: Die Sache mit Kasperkowitz. [Über Antisemitismus in Offenbach, amerikanische Besatzungszone. Vgl. 623]
627	20	*Staff*, Leopold: Die Vernichtung des [Frédéric] Chopindenkmals. [Gedicht. Mit einem Hinweis der Redaktion auf den Todestag von Frédéric Chopin]
628	21-30	*France*, Anatole: Die Erlösung von der Kirche. [Essay aus dem Jahre 1906 über das Verhältnis von Staat und Kirche in Frankreich. Mit einer Vorbemerkung der Redaktion. Vgl. 623]
629	31-35	*Poe*, Edgar Allan: Das ovale Porträt. [Erzählung. Mit einer Vorbemerkung der Redaktion.] (Übersetzung von Gisela Etzel.) [Vgl. 623]
630	36-37	*Leonhard*, Rudolf: Gedichte aus dem Krankenhaus. [Enthält:] Jede Krankheit ist Nacht/Krankenschwester Geliebte/Im Krampf/Krise. [Vgl. 623]
631	38-41	*Düwel*, Wolf: N. A. [!Alexander Nikolajewitsch] Radischtschew. [Vgl. 623]
632	42-44	*Radischtschew*, N.A. [! Alexander Nikolajewitsch]: Die Reise von Petersburg nach Moskau. [Romanauszug]
633	45-51	*Woolf*, Virginia: Das Vermächtnis. [Erzählung.] (Aus dem Englischen von Karl Heinrich.) [Vgl. 623]
634	52-53	*Kerckhoff*, Susanne: Zeit, die uns liebt. [Gedicht. Vgl. 623]
635	54-64	*Adamic*, Louis: Barbara und die Großväter. [Erzählung.] (Aus dem Amerikanischen von Edith von Holst.) [Vgl. 623]
636	65-72	*Campe*, Helmut [d.i. *Kantorowicz*, Alfred]: Der Sohn des Bürgers. [Roman.] <Schluß.> [Enthält den Abschnitt:] Sprung auf, marsch, marsch! in die Illegalität
		637-640: Tribüne der Jungen. Redaktion Wolfgang Weyrauch
637	73	*Krolow*, Karl: Lied, um sich seiner Toten zu erinnern/Die Überwindung der Schwermut. [Gedichte. Vgl. 640]
638	74-75	*Dreyer*, Alfred: Im Wartesaal. [Erzählung. Vgl. 640]
639	75-76	*Schroers*, Rolf: Der Mann mit dem Sack. [Erzählung. Vgl. 640]
640	76-77	*Weidenmüller*, Gerhard: Prosa nach dem zweiten Krieg. [Über deutsche Antikriegsliteratur nach 1945. Anmerkungen zu den Personen Karl Krolow, Alfred Dreyer, Rolf Schroers und Gerhard Weidenmüller. Vgl. 637, 638, 639]

641-642: Marginalien

641   77-80   *Kolbenhoff,* Walter: Raustreten zum Feldgottesdienst. [Brief an Elisabeth Langgässer, München, den 10.4.49, über Fragen der Religion. Vgl. 623]

642   80-82   *Boenheim,* Felix: Rudolf Virchows „Medicinische Reform" 1848-1849. [Über die Herausgabe der medizinischen Wochenschrift]

643: Die Szene

643   82-85   *Schroeder,* Max: Faust. [Über Wolfgang Langhoffs Faust-Inszenierung im Deutschen Theater, Berlin.]/Nächte des Zorns. [Über das Schauspiel „Nächte des Zorns" von Armand Salacrou in der Aufführung im Theater am Schiffbauerdamm, Berlin]

644-647: Das Freie Buch

644   86-87   *Meyer-Hepner,* Gertrud: Aus dem Berliner Vormärz. Ein Buch von Lu Märten. [Rez. zu: Lu Märten: „Bürgermeister Tschech und seine Tochter. Erinnerungen an den Vormärz 1844", Altberliner Verlag Lucie Grosser, Berlin 1948. Mit einer Nachbemerkung der Redaktion]

645   87-89   *Schacht,* Roland: Russische Bücher deutsch. [Rez. zu: Wera Fjodorowna Panowa: „Menschen aus Krushilicha", Roman, Verlag Kultur und Fortschritt, Berlin 1949, und Hinweis auf weitere Neuerscheinungen von russischen und sowjetrussischen Autoren]

646   90-91   *Victor,* Walther: Willi Bredels Verwandte und Bekannte. [Rez. über die zwei ersten Bände der Romantrilogie „Verwandte und Bekannte" – „Die Väter", „Die Söhne" –, Aufbau-Verlag, Berlin 1948 und 1949]

647   91-92   *Pollatschek,* Walther: Emil Belzner: Kolumbus vor der Landung. (Lothar Blanvalet, Berlin [1949].) [Rez.]

648   92-93   Neuerscheinungen. [18 Titel]

649-650: Ost- und West-Leser schreiben

649   93   *Renner,* Hans: [Brief an Alfred Kantorowicz über Beiträge in der Zeitschrift „Ost und West"]

650   93   *Edschmid,* Kasimir: [Brief an Alfred Kantorowicz über Beiträge in der Zeitschrift „Ost und West"]

       94-96   [Werbung]

       96   [Hinweis auf Generalvertretungen der Zeitschrift]

       III-IV   [Werbung]

Heft 11

November 1949

[Hefttitel:] Die Deutsche Demokratische Republik. Dokumente

       I   Aus dem Inhalt

651   II   Demokratie und „Democracy". [Über die Bedeutung der Gründung der Deutschen Demokratischen Republik. Hinweise auf 656, 652, 654, 655, 658, 660, 662, 663 und 664]

       1   [Innentitel]

| | 1-2 | Inhaltsverzeichnis |
| | 2 | [Impressum] |

652-657: Die Gründung der Deutschen Demokratischen Republik. [Mit einer Vorbemerkung der Redaktion]

652	3-5	*Tschuikow*, W[assili] I[wanowitsch]: [Erklärung des Chefs der Sowjetischen Militärverwaltung in Deutschland am 10.10.1949. Vgl. 651]
653	5	*Dieckmann*, Johannes: Dank des Präsidenten der Provisorischen Volkskammer. [Über die Beschlüsse der Regierung der Sowjetunion]
654	6-12	*Pieck*, Wilhelm: Antrittsrede des Präsidenten der Deutschen Demokratischen Republik, Wilhelm Pieck, auf der Tagung der Volks- und Länderkammer am 11. Oktober 1949. [Vgl. 651]
655	13-29	*Grotewohl*, Otto: Regierungserklärung des Ministerpräsidenten der Deutschen Demokratischen Republik, Otto Grotewohl, auf der Tagung der Volks- und Länderkammer am 12. Oktober 1949. [Vgl. 651]
656	30	*Stalin*, J[osef Wissarionowitsch]: Das Stalin-Telegramm [vom 13.10.1949 an Wilhelm Pieck und Otto Grotewohl zur Gründung der Deutschen Demokratischen Republik. Vgl. 651, 657]
657	31-32	*Pieck*, Wilhelm; *Grotewohl*, Otto: Der Dank des demokratischen Deutschland [an Josef Wissarionowitsch Stalin für das Telegramm vom 13.10.1949. Vgl. 656]
658	33-37	*Scheer*, Maximilian: Feme in New York. [Über einen Prozeß gegen führende Funktionäre der Kommunistischen Partei der USA. Vgl. 651]
659	38-39	*Quin*, Mike: An die Liberalen. [Gedicht. Mit einer Nachbemerkung der Redaktion.] (Übersetzt von Haga Rost)
660	40-51	*Benét*, Stephen Vincent: An den Wassern von Babylon. [Erzählung. Mit einer Vorbemerkung der Redaktion.] (Aus dem Amerikanischen übertragen von Friedel Kantorowicz.) [Vgl. 651]
661	52-53	*Leonhard*, Rudolf: Lehrsätze und Erwägungen. [Aphorismen. Mit einer Nachbemerkung der Redaktion]
662	54-60	*Pawlenko*, Pjotr [Andrejewitsch]: Das Grauen. [Erzählung.] (Deutsch von Veronica Ensslen.) [Vgl. 651]
663	61-64	*Weyrauch*, Wolfgang: Keiner will es gewesen sein. [Erzählung. Vgl. 651]
664	65-80	*Bloch*, Ernst: Universität, Marxismus, Philosophie. ([Antrittsrede bei] seiner Berufung als Ordinarius für Philosophie an der Universität Leipzig [zu den drei großen Kategorien Universität, Marxismus und Philosophie].) [Mit einer Vorbemerkung der Redaktion. Vgl. 651]

665: Tribüne der Jungen. Redaktion: Wolfgang Weyrauch

| 665 | 81-87 | Eine Ruine. [Mehrere Autoren schrieben auf Vorschlag der Redaktion der Zeitschrift „Ost und West" über ein |

und dasselbe Thema, einen gegenständlichen Stoff: eine Ruine:] I. *Haese*, Helmut: [Gedicht]/II. *Hampel*, Bruno: [Erzählung]/III. *Reinig*, Christa: [Erzählung]/IV. *Rosen*, Richard: [Erzählung]/V. *Grothe*, Wolfgang: [Erzählung. Mit einer Vorbemerkung der Redaktion. Anmerkungen zu den Personen]

666: Marginalien

666   87-89   *Uhse*, Alma: José Clemente Orozco †. [Mit einer Vorbemerkung der Redaktion.] (Aus dem Amerikanischen von A. K. [d.i. Alfred Kantorowicz])

667-668: Das Freie Buch

667   89-91   *Auer*, Annemarie: „Erzähler der Zeit"? [Rez. zu den Erzählungsbänden: „Erzähler unserer Zeit", Verlag Schwann, Düsseldorf, und „Unterm Notdach. Berliner Erzählungen", herausgegeben von Heinz Rein, Aufbau-Verlag, Berlin 1949]

668   91-92   *Roch*, Herbert: Vercors: Waffen der Nacht, [3 Erzählungen, Aufbau-Verlag, Berlin 1949. Rez.]

669   92   Neuerscheinungen. [11 Titel]

670-673: Ost- und West-Leser schreiben

670   93   *Bodnár*, Klara: [Brief an die Redaktion der Zeitschrift „Ost und West" über die Zeitschrift]

671   93   *Pertsch*, Dietmar: [Brief an Alfred Kantorowicz über die Zeitschrift „Ost und West"]

672   93   *W. H.* [d.i. ?]: [Brief an die Redaktion der Zeitschrift „Ost und West" zum Erwerb der Zeitschrift. Mit einer Nachbemerkung der Redaktion]

673   93   *Schäfer*, Erna: [Brief an die Redaktion der Zeitschrift „Ost und West" zum Erwerb der Zeitschrift]

     94-96   [Werbung]

     96   [Hinweis auf Generalvertretungen der Zeitschrift]

     III-IV   [Werbung]

Heft 12

Dezember 1949

[Hefttitel:] Das letzte Heft 30

     I   Inhalt

674   II   Das letzte Heft. [Über das letztmalige Erscheinen der Zeitschrift „Ost und West". Hinweise auf 687, 676, 682, 677, 680, 679, 686, 683, 684, 685, 678, 681, 688, 689, 690, 693, 694, 696, 705, 699, 698, 701, 695, 697, 703, 704, 700, 709 und 675]

     1   [Innentitel]

     1-2   Inhaltsverzeichnis

     2   [Impressum]

675   3-9   *Kantorowicz*, Alfred: [Josef Wissarionowitsch] Stalin als Lehrmeister der nationalen Selbstbestimmung. [Mit ei-

nem Hinweis der Redaktion auf den 70. Geburtstag von Josef Wissarionowitsch Stalin. Vgl. 674]

676 | 10-15 | *Zweig*, Arnold: Ein Vorfaschist. [Erzählung. Vgl. 674]

677 | 16-29 | *Triolet*, Elsa: Yvette. Erzählung aus dem Jahre 1943. (Aus dem Französischen von Karl Heinrich.) [Vgl. 674]

678 | 30-32 | *Weyrauch*, Wolfgang: Nur den Juden nicht. [Auszug aus der Szenenfolge. Mit einer Einleitung des Schriftstellers. Vgl. 674]

679 | 33-38 | *Brüning*, Elfriede: Mutter und Sohn. [Erzählung. Vgl. 674]

680 | 39-48 | *Gontschar*, Olessj [!Oles Terentjewitsch]: Die Nachbarn. [Erzählung. Mit einer Vorbemerkung der Redaktion. Vgl. 674]

681 | 49-50 | *Kessel*, Martin: Gedichte. [Enthält:] Anruf der Sonne/Dir gesagt. [Vgl. 674]

682 | 51-57 | *Feuchtwanger*, Lion: Der Schüler Oppermann. [Auszug aus dem Roman „Die Geschwister Oppermann". Mit einer Vorbemerkung der Redaktion. Vgl. 674]

683-685: Die westdeutsche Kulturkrise

683 | 58-61 | *Brenner*, Hans Georg: Zur Situation des westdeutschen Lesers. [Vgl. 674]

684 | 61-65 | *Pollatschek*, Walther: Die Bedrohung der Kultur im Westen Deutschlands. [Vgl. 674]

685 | 66-67 | *Rowohlt*, Ernst: Notruf eines Verlegers. [Brief an die Redaktion der Zeitschrift „Ost und West" mit der Bitte, zwei Werke neuer deutscher Autoren und eine Anthologie zu rezensieren, wegen mangelnder Nachfrage nach neuerer deutscher Literatur. Vgl. 674]

686 | 68-76 | *Pol*, Heinz: New Yorker Tagebuch. [Enthält die Abschnitte:] 10. Januar 1945/27. Januar/29. Januar/3. März/27. April/8. Mai/18. Mai. [Über die politische Lage. Mit einer Vorbemerkung der Redaktion. Vgl. 674]

687 | 77-101 | *Der Herausgeber* [d.i. *Kantorowicz*, Alfred]: Abschied. [Darlegung der Gründe für das Einstellen der Zeitschrift „Ost und West" und über die Lizensierung und Herausgabe der dreißig Hefte von „Ost und West". Ausführungen zu seiner Emigration in die USA und zur Ausreise. Mit Fotokopien aus der Hearst-Presse über Alfred Kantorowicz, eines Briefes des State Department und einer offiziellen Erklärung des amerikanischen Außenministeriums zur Ausreise von Alfred Kantorowicz aus den USA]

688-690: Tribüne der Jungen. Redaktion: Wolfgang Weyrauch

688 | 102 | *Kipphardt*, Heinar: Es ist noch nicht zu Ende. [Gedicht. Vgl. 674]

689 | 102-107 | *Sabais*, Heinz-Winfried: Wochentagspredigt an einen jungen Mann, der so aussieht wie ich. [Erzählung. Vgl. 674]

690 | 107-110 | *Juhre*, Arnim: Ein Paar neue Schuhe. [Erzählung. Mit Anmerkung zu den drei Autoren. Vgl. 674]

691-692: Marginalien

691   110-112   *Greulich*, E[mil] R[udolf]: Ein gleiches Thema in West und Ost. [Über den Schriftsteller Walter Kolbenhoff. Mit Abdruck eines Gedichtes von Walter Kolbenhoff:] „Sechs Tage und sechs Strophen". [Mit Abdruck des Gedichtes von Emil Rudolf Greulich:] „Sieben Tage und sieben Strophen"

692   112-113   *Grabow*, Martin: Gericht über ein Jahrhundert. Ellen Key zum 100. Geburtstag

        113-114   Zum Schluß – zwei Pannen. [Begründung der Redaktion zum Nichterscheinen von Beiträgen zur zweiten Bundestagung des Kulturbundes und des Theaterberichtes von Max Schroeder]

693-710: Das Freie Buch

693   114-115   *Drews*, Richard: Briefe aus der französischen Revolution. [Rez. zu: Gustav Landauer: „Briefe aus der französischen Revolution", Verlag Rütten & Loening, Potsdam 1948. Vgl. 674]

694   115-117   *Drews*, Richard: Ein Buch der Erinnerung an Joseph Roth. [Rez. zu: „Joseph Roth. Leben und Werk", Verlag von Gustav Kiepenheuer, Hagen 1949. Vgl. 674]

695   117-118   *Reissig*, Ernst: Anna Seghers: „Die Toten bleiben jung", [Roman, Aufbau-Verlag, Berlin 1949. Rez. Vgl. 674]

696   118-119   *Roch*, Herbert: Bertolt Brecht: „Kalendergeschichten"/ „Versuche 20/21". [Rez. zu: Bertolt Brecht: „Kalendergeschichten", Verlag Gebr. Weiß, Berlin 1949, und zu: „Versuche", Suhrkamp-Verlag, Berlin, Frankfurt a.M. 1949. Die in der Überschrift angegebene Reihenzählung 20/21 für die „Versuche" ist nach dem „Deutschen Bücherverzeichnis": 9. Vgl. 674]

697   119   *Rudloff*, Erika: Karl Emil Franzos: „Der Pojaz", [Roman, Verlag Bruno Henschel & Sohn, Berlin 1949. Rez. Vgl. 674]

698   120-121   *Rutenborn*, Günter: Albrecht Goes: „Von Mensch zu Mensch", [Suhrkamp-Verlag, Berlin 1949. Rez. Vgl. 674]

699   121-122   *Joho*, Wolfgang: Wiederbegegnung mit dem Sergeanten Grischa. [Rez. zu: Arnold Zweig: „Der Streit um den Sergeanten Grischa", Roman, Aufbau-Verlag, Berlin 1949. Vgl. 674]

700   122-125   *Herrmann*, Klaus: Der Nachfahr: Bemerkungen zu Ernst Jüngers Tagebüchern. [Rez. zu: Ernst Jünger: „Strahlungen", Heliopolis-Verlag, Tübingen 1949, und über andere Werke des Schriftstellers. Vgl. 674]

701   126-127   *Cwojdrak*, Hans Günther: Ernst Kreuder: „Die Unauffindbaren", [Roman, Rowohlt, Hamburg, Stuttgart 1948. Rez. Vgl. 674]

702   128-129   *Grothe*, Wolfgang: Wirklichkeitsnahes Erzählertum. [Rez. zu: Bodo Uhse: „Die heilige Kunigunde im Schnee und andere Erzählungen", Aufbau-Verlag, Berlin 1949]

703   129-130   *Rudloff*, Erika: Das Leben ohne Schonung. [Rez. zu: „Tausend Gramm. Sammlung neuer deutscher Geschich-

ten", hrsg. von Wolfgang Weyrauch, Rowohlt, Hamburg, Stuttgart, Baden-Baden 1949. Vgl. 674]

704 130-132 *Zak*, Eduard: Lyrische Physiognomien. [Rez. zu: Ernst Waldinger: „Die kühlen Bauernstuben", Aufbau-Verlag, Berlin 1949; Carl Zuckmayer: „Gedichte 1916-1948", Suhrkamp Verlag, vormals S. Fischer, Berlin, Frankfurt a.M. 1948; Hermann Kasack: „Das ewige Dasein", Suhrkamp Verlag, Berlin, Frankfurt a.M. 1949. Vgl. 674]

705 132-133 *Roch*, Herbert: Richard Hughes: „Von Dienstag bis Dienstag", [Seegeschichte, Suhrkamp Verlag, Berlin, Frankfurt a.M. 1948. Rez. Vgl. 674]

706 133 *Krull*, Edith: Südamerika im Lichte der „Izquierda". [Rez. zu: „Südamerikanische Erzähler", Mitteldeutsche Druckerei und Verlagsanstalt, Halle 1948]

707 133-135 *Juhre*, Arnim: Albert Maltz: „Das Kreuz und der Pfeil", [Dietz-Verlag, Berlin 1948. Rez.]

708 135-136 *Juhre*, Arnim: „Prost Neujahr Amerika". [Rez. zu: Albert Maltz: „Prost Neujahr, Amerika!", Erzählungen, Verlag Volk und Welt, Berlin 1949]

709 136-137 *Grabow*, Martin: Michael Hell [d.i. Tschesno-Hell]: „Rußland antwortet", [Verlag Kultur und Fortschritt, Berlin 1949. Rez. über den Reisebericht. Vgl. 674]

710 137-139 *Weyrauch*, Wolfgang: Sandbergs „Freundschaft". [Rez. zu: Herbert Sandberg: „Eine Freundschaft. 30 Holzschnittskizzen", Aufbau-Verlag, Berlin 1949]

711 139-141 Neuerscheinungen. [57 Titel]

712-714: Die letzten Briefe an Ost und West

712 141 *Tell*, Federico: [Brief an Alfred Kantorowicz über den Bezug fehlender Hefte der Zeitschrift „Ost und West"]

713 142 *Pollatschek*, Walther: [Brief an Alfred Kantorowicz über das Einstellen der Zeitschrift „Ost und West"]

714 142 *Molo*, Walter von: [Brief an Alfred Kantorowicz über das Einstellen der Zeitschrift „Ost und West"]

143-146 Ost und West veröffentlichte im zweiten Teil von Juli 1949 bis Dezember 1949. [Halbjahresregister]

147-152 [Werbung]

[1]-[24] Ost und West veröffentlichte vom Juli 1947 bis Dezember 1949. [Gesamtinhaltsverzeichnis und alphabetisches Autorenverzeichnis]

III-IV [Werbung]

Register

Register

Mitarbeiterregister

(Redaktionelle Mitarbeiter)

Kantorowicz, Alfred
- Herausgeber (Jg. 1 – Jg. 3)
- Chefredakteur (Jg. 1, H. 1-4, Jg. 3, H. 10-12)

Scheer, Maximilian
- Chefredakteur (Jg. 1, H. 5 – Jg. 3, H. 9)

Rudloff, Erika
- Redaktionssekretärin, Redakteur

Weyrauch, Wolfgang
- Redaktion (Das Freie Buch, Tribüne der Jungen)

Wittkowski, Hans
- Verlagsleiter

Autorenregister

1. Personen

Adamic, Louis E 635
Ai Tschin L 574
Albitz-Geiss, Ruth K 413 414
Andersen Nexö, Martin A 125 549 / E 273
Anderson, Edith (verh. Schroeder) E 555
Andrieux, Louis s. Aragon, Louis
Angrand, Cécile A 148
Aragon, Louis (eigtl. Andrieux, Louis) E 507
Arnim, Bettina von (geb. Brentano, Elisabeth) B 506
Arnold, Maria Ü 250
Auer, Annemarie (verh. Zak) A 667 / E 601

Baer, Ena von Ü 253 377 384 385 386 387 388
Bahder, Mathilde B 499
Balden, Theo K 350 351
Barckhausen, Elfriede s. Brüning, Elfriede
Basoalto s. Neruda, Pablo
Bauckmann, D. Ü 595

Baumert, Gerhart B 75
Bauschert, Herbert B 287
Belinski, Wissarion Grigorjewitsch A 550 591 / B 222
Benét, Stephen Vincent E 660
Berendsohn, Walter Artur A 442
Berg, Peter Ü 481
Berger, Ida A 252
Bergmann, Ernst A 321
Bernanos, Georges A 6
Bernásek, Antonín s. Toman, Karel
Beyer, L. B 204
Bezruč, Petr (eigtl. Vašek, Vladimir) L 44
Bienek, Horst-Harry E 614
Birkenfeld, Günther A 16
Bismarck, Otto von B 59
Bloch, Ernst A 53 664
Bloch, Jean-Richard A 39
Blok, Alexander Alexandrowitsch L 14 377
Blumberg s. Rost-Blumberg, Edith
Bodnár, Klara B 670
Boehme, Albrecht B 155 316
Böhme, Erich Ü 82

Boenheim, Felix A 642
Böttcher, Ingeborg B 182
Boy-Zeleński, Tadeusz (d.i. Zeleński, Tadeusz) A 593
Brandenstein, Kurt A 479
Brandligt, Walter E 577
Braun, Arthur Ü 148
Brecht, Bertolt A 548 / L 242 352 428 / D 15
Breitenstein, Max B 235
Brenner, Hans Georg A 683
Brentano, Elisabeth s. Arnim, Bettina von
Březina, Otokar (eigtl. Jebavý, Vaclav) L 45
Brick, Elsa Jurjewna s. Triolet, Elsa
Bruckner, Ferdinand (eigtl. Tagger, Theodor) A 191 / D 101 / Ü 191
Brückmann, Hans B 175
Brüning, Elfriede (verh. Barckhausen) E 679
Bruller, Jean s. Vercors
Budzislawski, Hermann A 353
Bürger, Werner (B.) K 244 251 254 269 270 276 277 297 301 302 305 306 332 333
Burgmüller, Herbert A 612

Callender, Harold A 308
Calmann, Lia Ü 296
Campe, Helmut (d.i. Kantorowicz, Alfred) E 107 128 151 170 196 228 255 278 307 336 359 397 416 438 465 488 515 533 556 581 599 636
Čapek, Karel A 42 / E 294
Cassou, Jean E 150 580
Chapman, Ralph A 346
Claudius, Eduard (eigtl. Schmidt, Eduard) A 103
Cramer, Heinz Tilden von A 210
Cunow, Heinrich Ü 267
Cwojdrak, Hans Günther A 199 283 400 496 576 701

Daumier, Honoré K 450
Davičo, Oskar A 437
Deml, Ferdinand Ü 42
Dieckmann, Johannes A 653
Diere, Horst E 540

Dobroljubow, Nikolai Alexandrowitsch A 550
Dreiser, Theodore Herman Albert A 8
Drews, Richard A 55 257 311 339 444 459 494 557 605 693 694 / E 105
Dreyer, Alfred E 638
Dshugaschwili, Josef Wissarionowitsch s. Stalin, Josef Wissarionowitsch
Düwel, Wolf A 221 509 631 / Ü 510

Ebert, Günter B 92
Edschmid, Kasimir (eigtl. Schmid, Eduard) B 650
Ege, Friedrich A 559 / B 176 / Ü 218 219 220
Eggebrecht, Axel A 68
Ehrenburg, Ilja Grigorjewitsch A 9 / L 383 / E 296 463
Einstein, Albert A 475 / B 475
Eisler, Hilde Ü 608
Eisner, Kurt D 456
Ellis, K. W. Ü 81 190 241 347
Engels, Friedrich A 143
Ensslen, Veronica A 258 / Ü 662
Ericson, Walter s. Fast, Howard Melvin
Erman, Hans A 162 197
Erpenbeck, Fritz A 211
Etzel, Gisela Ü 629
Euler, Ingeborg E 588

Fabian, Wolfgang L 539
Fadejew, Alexander Alexandrowitsch A 516
Fast, Howard Melvin (eigt. Ericson, Walter) A 566 608 / E 331
Fermor s. Stenbock-Fermor, Alexander
Feuchtwanger, Lion A 417 / E 224 304 682 / B 202
Fichte, Johann Gottlieb A 186
Fischer, Otokar L 47
Fontana, Oskar Maurus A 436
Forman, Harrison A 409
Forster, Johann Georg Adam A 569 / B 569

France, Anatole (eigtl. Thibault, Jacques Anatole) A 628
Frank, Bruno E 464
Frank, Leonhard E 389
Franken, Lilly Ü 6
Freiligrath, Ferdinand B 114 117
Fuchs, Käte B 152
Fuchs, Rudolf Ü 44 45 46 47
Fučík, Julius T 28

Garcia Lorca, Federico L 165
Gebeschus, Rolfkurt A 129
Geiss s. Albitz-Geiss, Ruth
Geißler, Günter B 314
Gerlach, Hellmut von A 295
Giordano, Ralph B 133
Götzfried, Hans Leo Ü 590
Gogol, Nikolai Wassiljewitsch B 550
Gontschar, Oles Terentjewitsch E 680
Gor, Gennadij E 192
Gorbatow, Boris Leontjewitsch E 486
Gorki, Maxim (eigtl. Peschkow, Alexej Maximowitsch) A 82 159 432 550 / D 392 / B 160
Grabow, Martin A 366 441 470 490 519 585 622 692 709 / Ü 507
Graf, Oskar Maria E 455
Granach, Alexander (eigtl. Gronach, Jessaia) A 52
Greulich, Emil Rudolf A 691 / L 691
Griffith, John s. London, Jack
Groll, Gunter A 90
Gronach, Jessaia s. Granach, Alexander
Grossman, Wassilij Semjonowitsch E 25 412
Grotewohl, Otto A 655 / B 657
Grothe, Wolfgang A 702 / E 615 665
Gunther, John A 241

Haar, Werner E 260
Haas, Paul B 174
Haas, Willy B 173
Haese, Helmut L 665

Hampel, Bruno A 435 / E 422 609 665
Harich, Susanne s. Kerckhoff, Susanne
Hartmann, Hans A 116
Hartmann, Rolf A 216 285
Havemann, Hans A 583
Hecker, Friedrich Franz Karl A 119
Heidenkamp, Ulrich A 460
Heidinger, Werner B 177
Heine, Harry s. Heine, Heinrich
Heine, Heinrich (eigtl. Heine, Harry) E 106
Heinrich, Karl Ü 303 508 580 633 677
Hell, Michael (d.i. Tschesno-Hell, Michael) A 530
Hepner s. Meyer-Hepner, Gertrud
Herder, Johann Gottfried A 502
Hermann, Rudolf B 369
Hermlin, Stephan (eigtl. Leder, Rudolf) A 149 401 / E 611 / Ü 410
Herrmann, Klaus A 700
Herwegh, Georg A 135 137 / L 137 / E 137 / Ü 144
Herzen, Alexander Iwanowitsch (eigtl. Jakowlew, Alexander Iwanowitsch) A 144
Hiesgen, Carl Paul B 203
Hoffmann, Elisabeth s. Langgässer, Elisabeth
Hoffmann, Walter s. Kolbenhoff, Walter
Hohorst, Luise Ü 70
Holst, Edith von Ü 12 19 80 167 243 275 532 635
Hoppenz, Kurt B 76
Hora, Josef L 48
Huch, Ricarda A 63 64 572
Huchel, Peter L 17 62 272
Hüttel, Klaus G. B 234
Hughes, James Langston E 454
Hull, Cordell A 291
Huppert, Hugo A 434
Hutten, Ulrich von L 319

Ihering, Herbert (d.i. Jhering, Herbert) A 171 354 458
Inber, Wera Michailowna E 328

Jakowlew, Alexander Iwanowitsch s.
Herzen, Alexander Iwanowitsch
Jebavý, Vaclav s. Březina, Otokar
Jefferson, Thomas A 97 266
Jhering, Herbert (Ihering, Herbert)
A 51 171 354 458
Joho, Wolfgang A 364 443 467 518
621 699 / E 524
Juhre, Arnim A 586 707 708 / L
497 / E 690 / B 542

Kästner, Erich E 598
Kaetzler, Marianne E 446
Kahle, Hans A 514
Kaiser, Bruno A 120 136 312 476
Kakuz, Kaspar L 248 280 309 492
536 / E 247
Kamossa, Käthe L 399 / E 399
Kant, Immanuel A 393
Kantorowicz, Alfred (A. K.; Campe,
Helmut; Der Herausgeber) A 2 5
10 11 18 27 30 35 40 56 57 67
74 85 100 115 145 169 207 265
289 330 348 372 395 505 513 578
596 618 675 687 / E 107 128 151
170 196 228 255 278 307 336 359
397 416 438 465 488 515 533 556
581 599 636 / T 268 / B 93 108
153 439 466 543 / Ü 331 666
Kantorowicz, Friedel Ü 660
Katajew, Valentin Petrowitsch E 102
Katschinski, Claus A 284
Kempner, Alfred s. Kerr, Alfred
Kerckhoff, Susanne (geb. Harich) L
634
Kerr, Alfred (eigtl. Kempner, Alfred)
A 396
Kessel, Martin L 681
Kipp, Georg A 323
Kipphardt, Heinar L 688
Kisch, Egon Erwin E 72
Kläber, Kurt A 355
Klopstock, Friedrich Gottlieb L 567
Koch, Werner Ü 99
Kolbenhoff, Walter (eigtl. Hoffmann,
Walter) L 691 / B 641
Kolzow, Alexei Wassiljewitsch L
384
Kossak Ü 104
Kozák, Jan Blahoslav A 299

Kraschutzki, Heinz A 356
Krolow, Karl L 637
Krüger, I. B 448
Krull, Edith A 706
Krupskaja, Nadeshda Konstanti-
nowna A 462
Kunert, Günter L 613
Kurella, Alfred A 300 / Ü 14 39
Kurtz, Rudolf A 616

Landauer, Gustav A 522
Lange, Horst E 610
Langgässer, Elisabeth (eigtl. Hoff-
mann, Elisabeth) A 66
Langner, Ilse (eigtl. Siebert, Ilse) L
442
Langner, Ursula Ü 41
Leder, Rudolf s. Hermlin, Stephan
Lederer, Mia K 391
Leisner, Willi A 198
Lenin, Wladimir Iljitsch (eigtl. Ulja-
now, Wladimir Iljitsch) A 430
550
Leonhard, Rudolf A 568 / L 31
630 / E 552 661 / B 256
Lermontow, Michail Jurjewitsch L
386
Lessing, Theodor A 95
Lestiboudois, Herbert A 279
Li Hwa K 407 408
Liebenau s. Rohde-Liebenau, Alix
Liebling, A. J. A 243
Liebschner, W. B 262
Linden, Hermann A 340 469
Linfert, Carl A 212
London, Jack (eigtl. Griffith, John) E
508
Lorca s. Garcia Lorca, Federico
Losecaat von Nouhuys, Heinz A
286 526 / B 447 / Ü 527
Lu Li L 575
Lüsberg, Wilhelm Maria Ü 274
Luft, Friedrich A 89 213 / T 193
Luther, Martin A 403 / Ü 97

Mader, Oskar B 315
Mailer, Norman A 483
Majakowski, Wladimir Wladimiro-
witsch L 379

Malaparte, Curzio (eigtl. Suckert, Kurt Erich) E 528
Maltz, Albert A 293 / E 29 532
Mann, Heinrich A 4 230 271 547 624 / B 37 154
Mann, Thomas A 23 371 431 545 550
Mao Tse-tung A 452 482
Marat, Jean Paul A 267
Marek, Ferdinand A 489
Markham, Edwin L 461
Marschak, Samuil Jakowlewitsch L 380
Marx, Karl A 143 223
Matussowski, Michail Lwowitsch L 382
Mayer, Hans A 172 246 421
McCullers, Carson (geb. Smith) E 12
McWilliams, Carey A 347
Mehring, Franz A 344
Mendelssohn, Peter de A 88
Merbitz, Bruno K 225 226 227
Meyer-Hepner, Gertrud A 360 517 644
Mickiewicz, Adam Bernard A 427
Miller, Alexander A 99
Molo, Walter von D 597 / E 161 / B 714
Morgan, Charles E 411
Morris, Edita E 275
Mühlner, Rudolf A 201 / L 201
Mühsam, Erich A 194 / L 194
Müller, Marga Ü 591

Neruda, Pablo (eigtl. Reyes Basoalto, Ricardo Elieser Neftalí) L 410
Nexö s. Andersen Nexö, Martin
Nier, Arnold B 263
Noack, Ulrich A 534
Noah, Heinz Ü 577
Nordt, Otto Ü 461
Nouhuys s. Losecaat von Nouhuys, Heinz

Oestreich, Paul A 54
Olden, Balder A 32 / E 33
Olden, Rudolf A 80
Ossietzky, Carl von A 206
Oswald, Wolfgang B 264

Pascal, Roy A 594
Pasternak, Boris Leonidowitsch L 385
Pauly, Charlotte E. A 164 / Ü 165
Paustowski, Konstantin Georgijewitsch E 253
Pawlenko, Pjotr Andrejewitsch E 662
Pawlick, Albert B 287
Pennanen, Jarno L 219
Perkins, Frances A 187
Pertsch, Dietmar B 671
Peschkow, Alexej Maximowitsch s. Gorki, Maxim
Petersen, Jan (eigtl. Schwalm, Hans) E 325 480
Petöfi, Sándor (eigt. Petrovics, Sándor) L 570
Petran, Tabitha A 531
Petrovics, Sándor s. Petöfi, Sándor
Pieck, Wilhelm A 654 / B 657
Pioch, Bruno L 342 / B 233 342
Plievier, Theodor (Plivier, Theodor) E 375
Plivier, Theodor (d.i. Plievier, Theodor) E 375
Poe, Edgar Allan E 629
Pohl, Gerhart A 130
Pol, Heinz T 686
Pollatschek, Walther A 217 282 338 362 419 493 537 647 684 / B 157 713
Pomarici, Mario E 322
Poralla, Curt Ü 593
Pottier, Eugène L 84
Pozner, Vladimir E 250
Puschkin, Alexander Sergejewitsch A 550 / L 388 / B 551

Quevedo, José L 166
Quin, Mike L 659

Radischtschew, Alexander Nikolajewitsch E 632
Radvanyi, Netty s. Seghers, Anna
Räther, Helmut B 180
Rahneberg, F. B 232
Rama Rau, Santha A 167
Rau s. Rama Rau, Santha
Rausch, Felix, Ü 28

Reed, John A 81
Reich, Alexander Ü 328
Reiling, Netty s. Seghers, Anna
Reinecke, Hans-Georg E 564
Reinhardt, Ludwig B 156
Reinig, Christa E 665
Reissig, Ernst A 604 695
Renner, Hans B 649
Reuter, F. B 179
Reyes Basoalto, Ricardo Eliéser Neftalí s. Neruda, Pablo
Rheinhardt, Emil Alfons A 512
Ricaumont, Jacques de A 303
Rilla, Paul A 214
Rittelmeyer B 287
Roch, Herbert (H. R.) A 337 341 365 453 668 696 705 / E 390 / Ü 349 406 409 454 483 531 566
Rodenberg, Hans H 550
Rohde-Liebenau, Alix Ü 192
Rolland, Romain A 590
Roosevelt, Franklin Delano A 78 188
Rosen, Richard E 665
Rosenberg, Arthur A 374
Rosenfeld, Kurt A 376
Rost, Haga Ü 659
Rost-Blumberg, Edith Ü 504
Roth, Herbert A 420 538
Rothe, Helga Ü 61
Roumain, Jacques E 104
Rowohlt, Ernst B 685
Rudloff, Erika A 697 703 / E 602
Rudorf, Günter L 600
Rutenborn, Günter A 698
Ruttmann, Erna Ü 392
Ryömä s. Sinervo-Ryömä, Elvi

Sabais, Heinz-Winfried E 689
Saltykow-Schtschedrin, Michail Jewgrafowitsch E 510
Sarjan, Nairi (Zarjan, Nairi) L 595
Schacht, Roland A 147 358 561 619 645
Schäfer, Erna B 673
Schaller, Wendelin B 236
Schaufuß, Johannes B 178
Scheer, Maximilian (eigtl. Schlieper, Walter) (M-n S.) A 60 79 96 109 126 146 163 189 209 229 249 288
292 345 404 429 457 503 511 554 565 626 658 / E 86 245 / Ü 293 329 405 452 482 553
Schering, Emil Ü 50 433
Schick, Maximilian Ü 14 102
Schickele, René A 571
Schiratzki, B. Ü 379
Schirrmeister, Hermann A 491 582
Schlichte, Max B 181
Schlieper, Walter s. Scheer, Maximilian
Schmid, Eduard s. Edschmid, Kasimir
Schmidt B 183
Schmidt, Eduard s. Claudius, Eduard
Schnauffer, Carl Heinrich L 197
Schoenberner, Franz A 19
Scholz, August Ü 160
Schroeder, Edith (eigtl. Anderson, Edith) E 555
Schroeder, Max (M. S.) A 3 7 71 123 215 440 558 584 603 643 / Ü 8 555
Schroers, Rolf E 639
Schtschedrin s. Saltykow-Schtschedrin, Michail Jewgrafowitsch
Schultze, Friedrich A 20
Schwalm, Hans s. Petersen, Jan
Seehof, Arthur B 261
Seghers, Anna (eigtl. Radvanyi, Netty, geb. Reiling) A 24 168
Seifert, Jaroslav L 43
Sergijewski, I. A 13
Shirer, William Lawrence T 41
Siebenschein, Hugo Ü 43
Siebert, Ilse s. Langner, Ilse
Simone, Ilse Ü 29
Simonow, Kirill Michailowitsch s. Simonow, Konstantin Michailowitsch
Simonow, Konstantin Michailowitsch (eigtl. Simonow, Kirill Michailowitsch) L 381 481
Sinclair, Upton Beall A 334
Sinervo, Elvi (eigtl. Sinervo-Ryömä, Elvi) L 220
Sinervo-Ryömä, Elvi s. Sinervo, Elvi
Sládek, Jan A 320 478
Smedley, Agnes A 349 406 451
Smith, Carson s. McCullers, Carson
Smith, Howard K. A 61

Sollertinskij, Iwan Iwanowitsch A 127

Sova, Antonín L 46

Ssaltykov-Stschedrin, Michail Jewgrafowitsch s. Saltykow-Schtschedrin, Michail Jewgrafowitsch

Staff, Leopold L 627

Stalin, Josef Wissarionowitsch (eigtl. Dshugaschwili, Josef Wissarionowitsch) B 656

Steinbach, Peter Ü 187

Stenbock-Fermor, Alexander A 535

Stern, Kurt Ü 26

Sternheim, Carl A 195

Strindberg, August D 50 433

Strix, Heinz B 237

Stuckenschmidt, Hans Heinz A 335

Suckert, Kurt Erich s. Malaparte, Curzio

Süskind, Wilhelm Emanuel A 69 / B 91

Swift, Jonathan E 357

Tagger, Theodor s. Bruckner, Ferdinand

Taper, Bernhard A 625

Tell, Federico B 712

Thibault, Jacques Anatole s. France, Anatole

Thoss, Alfred Edgar Ü 127 378 380 381 382 383 462

Tichonow, Nikolai Semjonowitsch L 378

Tjutschew, Fjodor Iwanowitsch L 387

Tkaczyk, Wilhelm L 563

Toman, Karel (eigtl. Bernásek, Antonin) L 49

Treuberg, Friedrich Franz A 21

Triolet, Elsa (eigtl. Brick, Elsa Jurjewna) E 677

Tschernyschewski, Nikolai Gawrilowitsch A 426 550

Tschesno-Hell, Michael (Hell, Michael) A 530

Tschuikow, Wassili Iwanowitsch A 652

Tucholsky, Kurt L 122

Turgenjew, Iwan Sergejewitsch A 70

Turtiainen, Arvo Albin L 218

Uhse, Alma A 666

Uljanow, Wladimir Iljitsch s. Lenin, Wladimir Iljitsch

Vašek, Vladimir s. Bezruč, Petr

Vercors (eigtl. Bruller, Jean) E 26

Victor, Walther A 361 468 606 646

Viertel, Berthold L 124

Vittorini, Elio E 527

Vries, Theun de (eigtl. Vries, Theunis Uilke de) L 504

Vries, Theunis Uilke de s. Vries, Theun de

Wallace, Henry Agard A 190 329

Wantoch, Susanne Ü 574 575

Weerth, Georg L 121 477 / E 121

Weidenmüller, Gerhard A 367 495 640 / E 472 / B 111 238

Weinert, Erich A 83 / Ü 84 166

Weisenborn, Günther A 65 / L 485

Weisert, Robert B 184

Weiskopf, Franz Carl Ü 48

Werth, Kurt K 373

Weyrauch, Wolfgang A 281 310 710 / L 579 / D 415 678 / E 663 / B 525

Wiegand, Hans-Joachim A 363

Wiegler, Paul A 398 484 / E 327

Wienskowski, Eduard B 500

Wilden, B. B 132

Wolf, Friedrich A 38 / L 298 / D 573

Wood, Charles Erskine Scott D 405 553

Woolf, Virginia E 633

Wyworski, Peter K 324

Zak, Annemarie s. Auer, Annemarie

Zak, Eduard A 620 704

Zarjan, Nairi s. Sarjan, Nairi

Zeleński, Tadeusz (Boy-Zeleński, Tadeusz) A 593

Zimmering, Max A 560

Zimmermann, Wolf-Dieter A 98

Zivier, Georg (-r.) A 73

Zola, Emile Edouard Charles Antoine E 274

Zoozmann, B. J. B 317

Zweig, Arnold A 87 394 425 523 592 617 / L 546 / D 208 326 / E 487 676 / B 131 473

2. Anonyma und Kollektiva
(Sachtitel)

Abschied A 687
Agnes Smedley A 348
Alexander S. Puschkin A 550
Alfred Kerr † A 395
Antwort an einen Buchhändler A 229
Aufruf an die Nationalversammlung A 118

Bastille A 565
Befreiung. Eine Tragi-Komödie D 529
Die beiden Lager A 521
Bekanntmachung A 138
[Beschluß über die Nichtberechtigung des Ministeriums Brandenburg, über die Staatsgelder zu verfügen und die Steuern zu erheben] A 142
Besinnliche Huldigung A 589
Besinnung A 265
[Brief an die Redaktion der Zeitschrift „Ost und West" zum Beitrag von Harald Callender] B 368
[Brief an die Redaktion der Zeitschrift „Ost und West" zum Erwerb der Zeitschrift] B 672

Carson McCullers A 11
Charles E. S. Wood A 404

Demokratie und „Democracy" A 651
Das deutsche Schicksalsjahr 48 A 115
Dolchstoß in den Rücken A 370

Einführung A 2

Der falsche Weg A 423
Ferdinand Bruckner A 100
Franz Schoenberner A 18
Franz Schoenberners Überraschung A 57
Für und Wider aus West und Ost B 112

Geh hinunter, Moses L 191
Eine gemeinsame Sprache finden A 501
Georges Bernanos A 5
Die große Chance der deutschen Verleger A 35
Gruß an den 1. Deutschen Schriftsteller-Kongreß A 56

Hans Nowak fünfzig Jahre A 73
Henry Wallace A 189
Howard Fast A 330
Howard K. Smith A 60

Julius Fučik A 27

Kannibalen A 503
Krieg oder Frieden A 607

Lassen Sie Ihren Nachbarn mitlesen A 34
Lessings Totenmaske F 424
Das letzte Heft A 674
Ludwig Renn zum 60. Geburtstag A 513

Maximilian Scheer A 85
Missis Brown hat mir versprochen L 191
Moralische Aufrüstung A 343

Nach zwölf Monaten A 289
Die Nebelschwaden A 290
Ein Neger beim Schuhputzen L 191
Neuerscheinungen V 231 259 313 418 445 471 498 520 541 562 587 648 669 711

Rudolf Leonhard A 30
Rudolf Olden A 79

Schriftsteller A 449
Der Schuß … K 240
Sichtung der Neuerscheinungen V 110 200
Spatzen und Menschen A 474
Straßenlied L 191
Die Studenten an das Volk A 139

Theodore Dreiser A 7
Thomas Jefferson A 96

Veränderungen A 623
Verleumdungen des Volkes A 141
Vladimir Pozner A 249
Volk von Berlin! A 140

Weihnachten A 402
Wie du L 191

William L. Shirer A 40
Wo bleibt die junge deutsche Dichtung A 74

Zu unseren Beiträgen A 1 22 36 58 77 94 113 134 158 185 205 239
Zwei Jahre A 544
Zwischen Krieg und Frieden A 318

3. Autorenchiffren

A. K. (d. i. Kantorowicz, Alfred) A 5 11 18 27 30 35 40 56 57 74 85 100 330 348 395 513 / Ü 666

B. (d. i. Bürger, Werner) K 254 269 270 276 277 297 301 302 305 306
B... (d.i.?) Ü 49 294 320

E. L. (d.i.?) B 368

H. R. (d. i. Roch, Herbert) Ü 406
Herausgeber, der (d. i. Kantorowicz, Alfred) A 2 115 265 289 687

J. D. (d.i.?) Ü 299

K. H. (d.i.?) Ü 346

M. S. (d.i. Schroeder, Max) A 7
M-n S. (d.i. Scheer, Maximilian) A 60 79 96 189 229 249 404 503 565

-r. (d.i. Zivier, Georg) A 73

W. H. (d.i.?) B 672

4. Körperschaften

Bataillon der Bürgerwehr, 9., Berlin A 141

Constitutioneller Club, Berlin A 140

Magistrat und Stadtverordnete von Berlin A 138

National-Versammlung, Berlin A 142

„Ost und West", Berlin, Redaktion A 34 265

Studenten, Berlin A 139
Studenten, Wartburg A 118

Schlagwortregister

1. Personen und Werke

Ambesser, Axel von: „Das Abgründige in Herrn Gerstenberg", Drama, Aufführung, Hebbel-Theater, Berlin (West) 212

Andrieux, Louis
- s. Aragon, Louis

Angrand, Cécile: [Über den Existentialismus in Frankreich und zu Werken von Jean-Paul Sartre] 261 315

Antelme, Robert: „Die Gattung Mensch" 467

Aragon, Louis (eigtl. Andrieux, Louis): „Die jungen Leute", Erzählung 501

Archimedes, (Prosa) 294

Arnim, Bettina von (geb. Brentano, Elisabeth)
- s. Victor, Walther: „Es ward Frühling 1848 – Bilder aus einem großen Jahr"
- Beethoven, Ludwig van 506
- (Brief von)
- – Goethe, Aja: (Brief an) 506
- – Goethe, Johann Wolfgang: (Brief an) 506
- Goethe, Johann Wolfgang 506
- – Briefwechsel 505
- Grimm, Jacob 517
- Grimm, Wilhelm 517

Arouet, François-Marie
- s. Voltaire

Bahder, Mathilde: (Brief von)
- „Ost und West", Berlin, Redaktion: (Brief an) 499

Barthel, Kurt
- s. Kuba

Baumert, Gerhart: (Brief von)
- Kantorowicz, Alfred: (Brief an) 75

Bauschert, Herbert: (Brief von)
- „Ost und West", Berlin, Redaktion: (Brief an) 287

Beethoven, Ludwig van
- Arnim, Bettina von 506

- (Gedicht) 595

Belinski, Wissarion Grigorjewitsch 221
- (Brief von)
- – Gogol, Nikolai Wassiljewitsch: (Brief an) 222

Belzner, Emil: „Kolumbus vor der Landung" 647

Benkendorf, Christophorowitsch: (Brief an)
- Puschkin, Alexander Sergejewitsch: (Brief von) 551

Bernanos, Georges 5
- Mallorca 21

Beyer, L.: (Brief von)
- „Ost und West", Berlin, Redaktion: (Brief an) 204

Bismarck, Otto von: (Brief von)
- Gerlach, Leopold von: (Brief an) 59

Bloch, Ernst: „Freiheit und Ordnung. Abriß der Sozial-Utopien" 172

Bloch, Jean-Richard 38

Blok, Alexander Alexandrowitsch 13

Blum, Robert 137

Bodnár, Klara: (Brief von)
- „Ost und West", Berlin, Redaktion: (Brief an) 670

Boehme, Albrecht: (Brief von)
- „Ost und West", Berlin, Redaktion: (Brief an) 155 316

Böttcher, Alfred Reinhold: „Mensch ohne Maske", Erzählungen 366

Böttcher, Ingeborg: (Brief von)
- „Ost und West", Berlin, Redaktion: (Brief an) 182

Bolivar y Ponte, Simon
- s. Bruckner, Ferdinand: „Simon Bolivar", Schauspiel
- (Gedicht) 410

Borchert, Wolfgang: „Das Gesamtwerk" 620

Brecht, Bertolt
- „Dreigroschenroman", Roman 282
- „Furcht und Elend des Dritten Reiches", Schauspiel, Aufführung, Deutsches Theater, Berlin 212

- „Kalendergeschichten" 696
- „Mutter Courage und ihre Kinder", Schauspiel, Aufführung Deutsches Theater, Berlin 457
- „Versuche" 696
Bredel, Willi
- „Die Söhne", Roman 646
- „Die Väter", Roman 646
- „Verwandte und Bekannte", Romantrilogie 646
Breitenstein, Max: (Brief von)
- „Ost und West", Berlin, Redaktion: (Brief an) 235
Brentano, Elisabeth
- s. Arnim, Bettina von
Bruckner, Ferdinand (eigtl. Tagger, Theodor) 100
- „Simon Bolivar", Schauspiel, Aufführung, Dresden 354
Brückmann, Hans: (Brief von)
- „Ost und West", Berlin, Redaktion: (Brief an) 175
Bruller, Jean
- s. Vercors
Büchner, Georg: „Woyzeck", Drama, Aufführung, Deutsches Theater, Berlin 212
Butler, Eliza Marian: „Deutsche im Banne Griechenlands" 561

Callender, Harold: „Berlin - vor drei Jahren", Aufsatz 368
Cassou, Jean 149
- „Massaker von Paris", Roman 518
Céline, Louis-Ferdinand (eigtl. Destouches, Louis-Ferdinand) 554
Cervantes Saavedra, Miguel de: „Don Quijote", Roman 70
Chodziesner, Gertrud
- s. Kolmar, Gertrud
Chopin, Frédéric
- (Gedicht) 627
Claudius, Eduard (eigtl. Schmidt, Eduard): „Salz der Erde", Erzählung 519
Cocteau, Jean: „Les parents terribles", Drama, Aufführung, Tribüne, Berlin (West) 212
Colombo, Christoforo
- s. Kolumbus, Christoph

Colón, Cristóbal
- s. Kolumbus, Christoph
Curie, Marie (geb. Skłodowska) 583

Dawydow, Wassilij Ljwowitsch: (Briefe an)
- Puschkin, Alexander Sergejewitsch: (Briefe von) 551
Destouches, Louis-Ferdinand
- s. Céline, Louis-Ferdinand
Dreiser, Theodore Herman Albert 7
Dshugaschwili, Josef Wissarionowitsch
- s. Stalin, Josef Wissarionowitsch
Duse, Eleonora 512

E. L. (d.i.?): (Brief von)
- „Ost und West", Berlin, Redaktion: (Brief an) 368
Ebert, Günter
- (Brief an)
- - Kantorowicz, Alfred: (Brief von) 93
- (Brief von)
- - Kantorowircz, Alfred: (Brief an) 92
Edschmid, Kasimir (eigtl. Schmid, Eduard): (Brief von)
- Kantorowicz, Alfred: (Brief an) 650
Ege, Friedrich: (Brief von)
- „Ost und West", Berlin, Redaktion: (Brief an) 176
Eggebrecht, Axel 440
- „Kritik und Verbindlichkeit", Rede 179
- „Weltliteratur" 419
Einstein, Albert
- (Brief von)
- - Royal Society: (Brief an) 475
- (Faksimile) 475
Eisenstein, Sergei Michailowitsch: „Panzerkreuzer Potemkin", Film, Aufführung, Berlin, 1926
- Republik, Weimarer, Filmzensur 171
Eisner, Kurt
- Ermordung 457
Eluard, Paul (eigtl. Grindel, Paul Eugène) 252

Engels, Friedrich
- s.   Marx-Engels-Lenin-Institut, Moskau
- „Ludwig Feuerbach und der Ausgang der klassischen deutschen Philosophie" 493
Ericson, Walter
- s. Fast, Howard Melvin

F., Herbert von (d.i.?): (Brief an)
- Kantorowicz, Alfred: (Brief von) 439 466
Fast, Howard Melvin (eigtl. Ericson, Walter) 330
- Organisation   „Fortschrittliche Bürger Amerikas", Konferenz, Los Angeles, 1947
-- Ausschuß zur Untersuchung unamerikanischer Tätigkeit 293
Feuchtwanger, Lion 548
- „Erfolg", Roman 420
- „Odysseus und die Schweine", Novelle 202
- „Waffen für Amerika", Roman 202
- (Brief von)
-- „Ost und West", Berlin, Redaktion: (Brief an) 202
- Roman, historischer 547
Feuerbach, Ludwig
- s. Engels, Friedrich: „Ludwig Feuerbach und der Ausgang der klassischen deutschen Philosophie"
Forster, Johann Georg Adam 568
Franzos, Karl Emil: „Der Pojaz", Roman 697
Freiligrath, Ferdinand
- (Brief von)
-- Heuberger, Karl: (Brief an) 114
- Briefe 116
- (Briefe von)
-- Heuberger, Karl: (Briefe an) 117
- (Faksimile) 114
Freud, Sigmund 617
Fuchs, Käte
- (Brief an)
-- Kantorowicz, Alfred: (Brief von) 153
- (Brief von)
-- Kantorowicz, Alfred: (Brief an) 152

Fučik, Julius 27

Garcia Lorca, Federico 164
- (Gedicht) 166 410
Geißler, Günter: (Brief von)
- „Ost und West", Berlin, Redaktion: (Brief an) 314
Gerlach, Leopold von: (Brief an)
- Bismarck, Otto von: (Brief von) 59
Gershwin, George 335
Giono, Jean 88
Giordano, Ralph: (Brief von)
- „Ost und West", Berlin, Redaktion: (Brief an) 133
Goes, Albrecht: „Von Mensch zu Mensch" 698
Goethe, Aja: (Brief an)
- Arnim, Bettina von: (Brief von) 506
Goethe, Johann Wolfgang 589 590 592 594
- s. Goethe-Ausstellung
- s. Goethe-Feier
- s. Goethe-Jahr
- s. Resch, Johannes: „Goethe. Vermächtnis und Aufruf. Eine Einführung"
- „Ausgabe in sechs Bänden" 605
- „Faust. Der Tragödie erster Teil", Aufführung
-- Deutsches Theater, Berlin 643
-- Schauspielhaus, Düsseldorf 604
-- Schauspielhaus, Köln
--- Zensur, politische 209
- „Die Leiden des jungen Werthers", Roman 593
- „Stella", Drama, Aufführung, Kammerspiele, Berlin 212
- „Tasso", Drama, Aufführung, Stadttheater, Bochum 604
- Arnim, Bettina von 506
-- Briefwechsel 505
- (Brief an)
-- Arnim, Bettina von: (Brief von) 506
- Demokratie 594
- (Gedicht) 595
- Menzel, Wolfgang 591
Gogol, Nikolai Wassiljewitsch
- „Briefwechsel mit meinen Freunden" 222

- (Brief an)
- - Belinski, Wissarion Grigorje-
witsch: (Brief von) 222
Golßenau
- s. Renn, Ludwig
Gorki, Maxim (eigtl. Peschkow, Ale-
xei Maximowitsch)
- „Nachtasyl", Drama, Aufführung,
Reinhardt, Max 160
- (Brief von)
- - Reinhardt, Max: (Brief an) 160
- (Faksimile) 159
Graf, Oskar Maria: „Das Leben mei-
ner Mutter" 362
Granach, Alexander (eigtl. Gronach,
Jessaia) 51
Grimm, Jacob
- s. „Der Jude im Dorn"
- s. Zuckmayer, Carl: „Die Brüder
Grimm"
- Arnim, Bettina von 517
- Berlin 517
Grimm, Wilhelm
- s. „Der Jude im Dorn"
- s. Zuckmayer, Carl: „Die Brüder
Grimm"
- Arnim, Bettina von 517
- Berlin 517
Grindel, Paul Eugène
- s. Eluard, Paul
Gronach, Jessaia
- s. Granach, Alexander
Grotewohl, Otto
- (Brief an)
- - Stalin, Josef Wissarionowitsch:
(Brief von) 656
- (Brief von)
- - Stalin, Josef Wissarionowitsch:
(Brief an) 657

Haas, Paul: (Brief von)
- „Ost und West", Berlin, Redaktion:
(Brief an) 174
Haas, Willy: (Brief von)
- „Ost und West", Berlin, Redaktion:
(Brief an) 173
Haber, Fritz 441
Harich, Susanne
- s. Kerckhoff, Susanne
Harttung

- s. Pflugk-Harttung, von
Hauser, Harald: „Wo Deutschland
lag", Roman 283
Heeckeren: (Brief an)
- Puschkin, Alexander Sergeje-
witsch: (Brief von) 551
Heidinger, Werner: (Brief von)
- „Ost und West", Berlin, Redaktion:
(Brief an) 177
Hell (d.i. Tschesno-Hell), Michael:
„Rußland antwortet. Ein Reisebe-
richt" 709
Hemingway, Ernest Miller: „Wem die
Stunde schlägt", Roman 621
Hermann, Rudolf: (Brief von)
- „Ost und West", Berlin, Redaktion:
(Brief an) 369
Hermlin, Stephan (eigtl. Leder, Ru-
dolf)
- s. „Auch ich bin Amerika. Dich-
tungen amerikanischer Neger",
Berlin
Herwegh, Georg, 1848 136
Heuberger, Karl
- (Brief an)
- - Freiligrath, Ferdinand: (Brief
von) 114
- (Briefe an)
- - Freiligrath, Ferdinand: (Briefe
von) 117
Hiesgen, Carl Paul: (Brief von)
- „Ost und West", Berlin, Redaktion:
(Brief an) 203
Hitler, Adolf
- Republik, Weimarer 145
Hoffmann, Elisabeth
- s. Langgässer, Elisabeth
Holmsten, Georg: „Der Brücken-
kopf", Bericht 586
Hoppenz, Kurt: (Brief von)
- „Ost und West", Berlin, Redaktion:
(Brief an) 76
Huch, Ricarda
- (Faksimile) 64 572
Huchel, Peter 16
- „Gedichte" 538
- (Widmung von)
- - Joachim, Hans A.: (Widmung an)
17
Hüttel, Klaus: (Brief von)

– „Ost und West", Berlin, Redaktion:
(Brief an) 234
Hughes, James Langston 453
Hughes, Richard: „Von Dienstag bis
Dienstag", Seegeschichte 705

Jaurès, Jean 571
Jefferson, Thomas 96
Jesus von Nazareth 97
Joachim, Hans A.: (Widmung an)
– Huchel, Peter: (Widmung von) 17
Johannsen, Ernst 279
Jünger, Ernst 700
– „Strahlungen", Tagebuch 700
Juhre, Arnim
– (Brief an)
– – Kantorowicz, Alfred: (Brief von)
543
– (Brief von)
– – Kantorowicz, Alfred: (Brief an)
542

Kaiser, Georg 398
Kantorowicz, Alfred
– „Die große Chance der deutschen
Verleger", Aufsatz 76
– (Brief an)
– – Baumert, Gerhart: (Brief von) 75
– – Ebert, Günter: (Brief von) 92
– – Edschmid, Kasimir: (Brief von)
650
– – Fuchs, Käte: (Brief von) 152
– – Juhre, Arnim: (Brief von) 542
– – Mann, Heinrich: (Brief von) 37
– – Molo, Walter von: (Brief von) 714
– – Pertsch, Dietmar: (Brief von)
671
– – Pioch, Bruno: (Brief von) 342
– – Pollatschek, Walther: (Brief von)
713
– – Renner, Hans: (Brief von) 649
– – Tell, Federico: (Brief von) 712
– (Brief von)
– – Ebert, Günter: (Brief an) 93
– – F., Herbert von (d.i.?): (Brief an)
439 466
– – Fuchs, Käte: (Brief an) 153
– – Juhre, Arnim: (Brief an) 543
– – Kerr, Alfred: (Brief an) 108
Kasack, Hermann

– „Das ewige Dasein", Gedichte 704
– „Die Stadt hinter dem Strom", Ro-
man 199
Kellermann, Bernhard 484
– „Totentanz", Roman 364
Kempner, Alfred
– s. Kerr, Alfred
Kerckhoff, Susanne (geb. Harich):
„Menschliches Brevier", Gedichte
495
Kerr, Alfred (eigtl. Kempner, Alfred)
– (Brief an)
– – Kantorowicz, Alfred: (Brief von)
108
– (Nachruf) 395
Kessel, Martin: „Aphorismen" 444
Kester, Harries 578
Key, Ellen 692
Kisch, Egon Erwin 71
– „Entdeckungen in Mexiko", Re-
portagen 230
– „Landung in Australien", Reporta-
gen 340
– (Brief an)
– – Leonhard, Rudolf: (Brief von)
256
Kolbenhoff, Walter 691
– (Brief von)
– – Langgässer, Elisabeth: (Brief an)
641
Kollwitz, Käthe (geb. Schmidt)
– Holzschnittkunst, China 406
Kolmar, Gertrud (eigtl. Chodziesner,
Gertrud): „Welten", Gedichte 495
Kolumbus, Christoph (Colombo,
Christoforo; Colón, Cristóbal)
– s. Belzner, Emil: „Kolumbus vor
der Landung"
Korolenko, Wladimir Galaktiono-
witsch: „Die Geschichte meines
Zeitgenossen" 130
Kreuder, Ernst: „Die Unauffindba-
ren", Roman 701
Krüger, I.: (Brief von)
– „Ost und West", Berlin, Redaktion:
(Brief an) 448
Krzycki, Leo
– Slawen-Kongreß, USA 531
Kuba (eigtl. Barthel, Kurt): „Gedicht
vom Menschen" 400

Landauer, Gustav 523
- „Briefe aus der französischen Revolution" 693
Langgässer, Elisabeth (eigtl. Hoffmann, Elisabeth): (Brief an)
- Kolbenhoff, Walter: (Brief von) 641
Langner, Ilse (eigtl. Siebert, Ilse): „Zwischen den Trümmern", Gedichte 442
Leder, Rudolf
- s. Hermlin, Stephan
Lehmbruck, Wilhelm 490
Lenin, Wladimir Iljitsch (eigtl. Uljanow, Wladimir Iljitsch) 82
- s. Marx-Engels-Lenin-Institut, Moskau
Leonhard, Rudolf 30 55
- (Brief von)
-- Kisch, Egon Erwin: (Brief an) 256
Lessing, Gotthold Ephraim
- Literatur, deutsche, 18. Jahrhundert 426
- Totenmaske 425
- (Totenmaske) 424
Liebknecht, Karl
- Ermordung 429 499
- (Gedicht) 428
Liebschner, W.: (Brief von)
- „Ost und West", Berlin, Redaktion: (Brief an) 262
Linden, Hermann: „Das himmlische Fenster", Erzählungen 560
List, Friedrich
- (Prosa) 161
Löwinger, György Szegredi
- s. Lukács, Georg
Lommer, Horst: „Von Zeit zu Zeit", Verse und Szenen 622
Lorbeer, Hans: „Die Gitterharfe", Gedichte 495
Lorca
- s. Garcia Lorca, Federico
Losecaat von Nouhuys, Heinz: (Brief von)
- „Ost und West", Berlin, Redaktion: (Brief an) 447
L'Ouverture, François Dominique
- s. Toussaint L'Ouverture, François Dominique

Luft, Friedrich
- Mann, Heinrich: „Ein Zeitalter wird besichtigt" 154
Lukács, Georg (eigtl. Lukács, György Szegredi, urspr. Löwinger, György Szegredi), Schriften 421
Lukács, György Szegredi
- s. Lukács, Georg
Luxemburg, Rosa
- Ermordung 429 499
- (Gedicht) 428
Lys, Gunther Reinhold: „Kilometerstein 12,6" 443

Mader, Oskar: (Brief von)
- „Ost und West", Berlin, Redaktion: (Brief an) 315
Märten, Lu: „Bürgermeister Tschech und seine Tochter. Erinnerungen an den Vormärz 1844", Kinderbuch 644
Malleczewen
- s. Reck-Malleczewen, Friedrich Percyval
Maltz, Albert
- „Das Kreuz und der Pfeil", Roman 707
- „Prost Neujahr, Amerika!", Erzählungen 708
- Ausschuß zur Untersuchung unamerikanischer Tätigkeit 292
Mann, Heinrich
- „Ein Zeitalter wird besichtigt" 89
-- Luft, Friedrich 154
- (Brief von)
-- Kantorowicz, Alfred: (Brief an) 37
-- „Ost und West", Berlin, Redaktion: (Brief an) 154
- Deutschland 3
- (Faksimile) 37
Mann, Thomas
- „Doktor Faustus. Das Leben des deutschen Tonsetzers Adrian Leverkühn. Erzählt von einem Freunde", Roman 246
- „Neue Studien" 338
- Essays, politische 596
Mao Tse-tung 451
Marx, Karl

- s.   Marx-Engels-Lenin-Institut, Moskau
- s.   Miller, Alexander: „Ein Christ sagt Ja zu Karl Marx"
- Denken, christliches 99
Mayer, Paul: „Wanderer ohne Ende", Gedichte 495
McCullers, Carson (geb. Smith) 11
Menzel, Wolfgang
- Goethe, Johann Wolfgang 591
Miller, Alexander: „Ein Christ sagt Ja zu Karl Marx", Aufsatz 176
Miller, Arthur: „Alle meine Söhne", Schauspiel, Aufführung, Theater am Schiffbauerdamm, Berlin 584
Miranda, Francisco 24
Molo, Walter von: (Brief von)
- Kantorowicz, Alfred: (Brief an) 714
Montez, Lola
- München, 1846-1848 162

Niekisch, Ernst Karl August 535
Nier, Arnold: (Brief von)
- „Ost und West", Berlin, Redaktion: (Brief an) 263
Nouhuys
- s. Losecaat von Nouhuys, Heinz
Nowak, Hans 73

Olden, Rudolf 79
Orozco, José Clemente
- (Nachruf) 666
Ossietzky, Carl von 624
Oswald, Wolfgang: (Brief von)
- „Ost und West", Berlin, Redaktion: (Brief an) 264

Paine, Thomas
- (Prosa) 331
Panowa, Wera Fjodorowna: „Menschen aus Krushilicha", Roman 258 645
Pawlick, Albert: (Brief von)
- „Ost und West", Berlin, Redaktion: (Brief an) 287
Pertsch, Dietmar: (Brief von)
- Kantorowicz, Alfred: (Brief an) 671
Peschkow, Alexei Maximowitsch
- s. Gorki, Maxim

Petersen, Jan (eigtl. Schwalm, Hans): „Unsere Straße. Eine Chronik" 469
Pflugk-Harttung, von
- Kriegsgefangenenlager, Arizona, USA 129
Pieck, Wilhelm
- (Brief an)
- - Stalin, Josef Wissarionowitsch: (Brief von) 656
- (Brief von)
- - Stalin, Josef Wissarionowitsch: (Brief an) 657
Pioch, Bruno
- (Brief von)
- - Kantorowicz, Alfred: (Brief an) 342
- - „Ost und West", Berlin, Redaktion: (Brief an) 233
Podewils, Sophie Dorothee
- „Wanderschaft", Roman 525
- (Brief an)
- - Weyrauch, Wolfgang: (Brief von) 525
Pollatschek, Walther
- (Brief von)
- - Kantorowicz, Alfred: (Brief an) 713
- - „Ost und West", Berlin, Redaktion: (Brief an) 157
Pomarici, Mario
- Faschismus, italienischer 321
Ponte
- s. Bolivar y Ponte, Simon
Pottier, Eugène 83
Pozner, Vladimir 249
Puschkin, Alexander Sergejewitsch 550
- (Brief von)
- - Benkendorf, Christophorowitsch: (Brief an) 551
- - Heeckeren: (Brief an) 551
- - Oberste Zensurverwaltung, St. Petersburg: (Brief an) 551
- - Puschkina, Natalja Nikolajewna: (Brief an) 551
- - Turgenjew, Alexander Iwanowitsch: (Brief an) 551
- (Briefe von)
- - Dawydow, Wassilij Ljwowitsch: (Briefe an) 551

– – Puschkin, Lew Sergejewitsch: (Briefe an) 551
Puschkin, Lew Sergejewitsch: (Briefe an)
– Puschkin, Alexander Sergejewitsch: (Briefe von) 551
Puschkina, Natalja Nikolajewna: (Brief an)
– Puschkin, Alexander Sergejewitsch: (Brief von) 551

Radischtschew, Alexander Nikolajewitsch 631
Radványi, Netty
– s. Seghers, Anna
Räther, Helmut: (Brief von)
– „Ost und West", Berlin, Redaktion: (Brief an) 180
Rahneberg, F.: (Brief von)
– „Ost und West", Berlin, Redaktion: (Brief an) 232
Rathenau, Walther 20
Reck-Malleczewen, Friedrich Percyval: „Tagebuch eines Verzweifelten" 311
Reiling, Netty
– s. Seghers, Anna
Rein, Heinz: „Finale Berlin", Roman 496
Reinhardt, Ludwig: (Brief von)
– „Ost und West", Berlin, Redaktion: (Brief an) 156
Reinhardt, Max
– s. Gorki, Maxim: „Nachtasyl", Drama, Aufführung
– (Brief an)
– – Gorki, Maxim: (Brief von) 160
– Deutsches Theater, Berlin, Schauspielschule 52
Renn, Ludwig (eigtl. Vieth von Golßenau, Arnold Friedrich) 513
– „Mein Esel, meine Frau und die Ziege", Einakter, Aufführung, Bürgerkrieg, spanischer 514
Renner, Hans: (Brief von)
– Kantorowicz, Alfred: (Brief an) 649
Resch, Johannes: „Goethe. Vermächtnis und Aufruf. Eine Einführung" 606
Reuter, F.: (Brief von)

– „Ost und West", Berlin, Redaktion: (Brief an) 179
Revueltas, Silvestre
– (Gedicht) 410
Richter, Hans Werner: „Die Geschlagenen" 619
Rittelmeyer: (Brief von)
– „Ost und West", Berlin, Redaktion: (Brief an) 287
Roch, Herbert: „Bootsfahrten", Essays 494
Roosevelt, Franklin Delano 187
Roth, Joseph
– s. „Joseph Roth. Leben und Werk" 694
Roumain, Jacques 103
Rowohlt, Ernst: (Brief von)
– „Ost und West", Berlin, Redaktion: (Brief an) 685

Saavedra
– s. Cervantes Saavedra, Miguel de
Sachs, Nelly: „In den Wohnungen des Todes", Gedichte 495
Salacrou, Armand: „Nächte des Zorns", Schauspiel, Aufführung, Theater am Schiffbauerdamm, Berlin 643
Saltykow-Schtschedrin, Michail Jewgrafowitsch 509
Sandberg, Herbert: „Eine Freundschaft. 30 Holzschnittskizzen" 710
Sartre, Jean-Paul
– „Die Fliegen", Schauspiel, Aufführung, Hebbel-Theater, Berlin (West) 212
– „Die schmutzigen Hände", Schauspiel, Aufführung, Renaissance-Theater, Berlin (West) 457
– Existentialismus
– – Frankreich 147 148 261 315
Schacht, Roland: [„Zur Verteidigung des Existentialismus durch Jean-Paul Sartre"], Aufsatz 261 315
Schäfer, Erna: (Brief von)
– „Ost und West", Berlin, Redaktion: (Brief an) 673
Schäfer, Irene, Theatergastspiel
– Faschismus, deutscher, Frauengefängnis 436

Schaller, Wendelin: (Brief von)
- „Ost und West", Berlin, Redaktion: (Brief an) 236
Schaufuß, Johannes: (Brief von)
- „Ost und West", Berlin, Redaktion: (Brief an) 178
Scheer, Maximilian (eigtl. Schlieper, Walter) 85
- „An Rhein und Ruhr", Aufsatz 287
- „Denken an Rhein und Ruhr", Aufsatz 287
- „Weimar und Auschwitz", Aufsatz 499
Schlichte, Max: (Brief von)
- „Ost und West", Berlin, Redaktion: (Brief an) 181
Schlieper, Walter
- s. Scheer, Maximilian
Schmid, Eduard
- s. Edschmid, Kasimir
Schmidt: (Brief von)
- „Ost und West", Berlin, Redaktion: (Brief an) 183
Schmidt, Eduard
- s. Claudius, Eduard
Schmidt, Käthe
- s. Kollwitz, Käthe
Schnauffer, Carl Heinrich 197
Schoenberner, Franz 18
- Aufsatz
- - „Ost und West", Berlin, Nachdruckerlaubnis 57
Schtschedrin
- s. Saltykow-Schtschedrin, Michail Jewgrafowitsch
Schurz, Carl: „Aus den Erinnerungen eines Achtundvierzigers" 468
Schwalm, Hans
- s. Petersen, Jan
Seehof, Arthur: (Brief von)
- „Ost und West", Berlin, Redaktion: (Brief an) 261
Seghers, Anna (eigtl. Radványi, Netty, geb. Reiling)
- „Das Ende", Erzählung 339
- „Die Rettung", Roman 109
- „Die Toten bleiben jung", Roman 695

Shakespeare, William: „Hamlet", Drama 70
Shirer, William Lawrence 40
Siebert, Ilse
- s. Langner, Ilse
Skłodowska, Marie
- s. Curie, Marie
Smedley, Agnes 348
Smith, Carson
- s. McCullers, Carson
Smith, Howard K. 60
Sofronow, Anatoli Wladimirowitsch: „Der Moskauer Charakter", Schauspiel, Aufführung, Haus der Sowjetkultur, Berlin 558
Sokrates
- (Epigramm) 598
Ssaltykov-Stschedrin, Michail Jewgrafowitsch
- s. Saltykow-Schtschedrin, Michail Jewgrafowitsch
Stalin, Josef Wissarionowitsch (eigtl. Dshugaschwili, Josef Wissarionowitsch)
- (Brief an)
- - Grotewohl, Otto: (Brief von) 657
- - Pieck, Wilhelm: (Brief von) 657
- (Brief von)
- - Grotewohl, Otto: (Brief an) 656
- - Pieck, Wilhelm: (Brief an) 656
- Selbstbestimmung, nationale 675
Sternheim, Carl
- Dramen, Inszenierung 195
Strindberg, August 431 432
Strix, Heinz: (Brief von)
- „Ost und West", Berlin, Redaktion: (Brief an) 237
Süskind, Wilhelm Emanuel: (Brief von)
- „Ost und West", Berlin, Redaktion: (Brief an) 91

Tagger, Theodor
- s. Bruckner, Ferdinand
Taylor, Glen 241
Tell, Federico: (Brief von)
- Kantorowicz, Alfred: (Brief an) 712
Tolstoi, Alexei Nikolajewitsch: „Der Leidensweg", Romantrilogie 358
Tolstoi, Lew Nikolajewitsch 462

Toussaint L'Ouverture, François Dominique 168
Tschesno-Hell, Michael
– s. Hell, Michael
Turgenjew, Alexander Iwanowitsch: (Brief an)
– Puschkin, Alexander Sergejewitsch: (Brief von) 551

Uhse, Bodo: „Die heilige Kunigunde im Schnee und andere Erzählungen" 702
Uljanow, Wladimir Iljitsch
– s. Lenin, Wladimir Iljitsch
Unruh, Fritz von 316

Valentin, Veit: „Geschichte der Deutschen" 363
Vercors (eigtl. Bruller, Jean): „Waffen der Nacht" 668
Victor, Walther: „Es ward Frühling 1848 – Bilder aus einem großen Jahr" 360 361
Viertel, Berthold 123
– „Der Lebenslauf", Gedichte 495
Vieth von Golßenau, Arnold Friedrich
– s. Renn, Ludwig
Virchow, Rudolf
– „Medicinische Reform", 1848-1849 642
Voltaire (eigtl. Arouet, François-Marie): (Prosa) 304

W. H. (d.i.?): (Brief von)
– „Ost und West", Berlin, Redaktion: (Brief an) 672
Waldinger, Ernst: „Die kühlen Bauernstuben", Gedichte 704
Wallace, Henry Agard 189
Weerth, Georg 120
– Handschriften
– – Marx-Engels-Lenin-Institut, Moskau 476
Weidenmüller, Gerhard: (Brief von)
– „Ost und West", Berlin, Redaktion: (Brief an) 111 238
Weisenborn, Günther
– „Babel", Schauspiel, Aufführung, Deutsches Theater, Berlin 212

– „Eulenspiegel", Schauspiel, Aufführung, Hebbel-Theater, Berlin (West) 558
– „Memorial" 310
Weisert, Robert: (Brief von)
– „Ost und West", Berlin, Redaktion: (Brief an) 184
Weyrauch, Wolfgang
– „Die Davidsbündler" 341
– (Brief von)
– – Podewils, Sophie Dorothee: (Brief an) 525
Wiegler, Paul 616
Wienskowski, Eduard: (Brief von)
– „Ost und West", Berlin, Redaktion: (Brief an) 500
Wilden, B.: (Brief von)
– „Ost und West", Berlin, Redaktion: (Brief an) 132
Wilson, Thomas Woodrow
– Politik, Weltkrieg, erster 334
Winder, Ludwig: „Die Pflicht", Roman 585
Wolf, Friedrich 417
– „Zwei an der Grenze", Roman 470
Wood, Charles Erskine Scott 404

Zoozmann, B. J.: (Brief von)
– „Ost und West", Berlin, Redaktion: (Brief an) 317
Zuckmayer, Carl
– „Barbara Blomberg", Schauspiel, Aufführung, Hebbel-Theater, Berlin (West) 584
– „Die Brüder Grimm" 537
– „Gedichte 1916-1948" 704
Zweig, Arnold
– „Der große Krieg der weißen Männer", Romanzyklus 576
– „Der Streit um den Sergeanten Grischa", Roman 699
– (Brief von)
– – Amerikanische Militär-Kommandantur des amerikanischen Berliner Sektors: (Brief an) 473
– – „Ost und West", Berlin, Redaktion: (Brief an) 131

2. Anonyma, Kollektiva, Periodica

„Auch ich bin Amerika. Dichtungen amerikanischer Neger", Berlin 365

„Besonders jetzt tu Deine Pflicht. Briefe von Antifaschisten, geschrieben vor ihrer Hinrichtung", Potsdam 618

„Erzähler unserer Zeit", Düsseldorf 667

„Josepf Roth. Leben und Werk", Hagen 694

„Der Jude im Dorn", Märchen 394

„Medicinische Reform", 1848-1849
- Virchow, Rudolf 642

„Ost und West", Berlin 2 34 37 131 177 544 673 674 712 713 714
- Beschlagnahme 473
- Bezug 317 672
- Buchbesprechungen 178
- Lesermeinung 112 133 155 156 175 177 180 181 182 184 232 233 234 262 263 264 369 649 650 670 671
- Leserwünsche 235 236
- Marginalien 92 93
- Nachdruckerlaubnis
- - Schoenberner, Franz, Aufsatz 57
- Redaktion 2 289
- - (Brief an)
- - - Bahder, Mathilde: (Brief von) 499
- - - Bauschert, Herbert: (Brief von) 287
- - - Beyer, L.: (Brief von) 204
- - - Bodnár, Klara: (Brief von) 670
- - - Boehme, Albrecht: (Brief von) 155 316
- - - Böttcher, Ingeborg: (Brief von) 182
- - - Breitenstein, Max: (Brief von) 235
- - - Brückmann, Hans: (Brief von) 175

- - - E. L. (d.i.?): (Brief von) 368
- - - Ege, Friedrich: (Brief von) 176
- - - Feuchtwanger, Lion: (Brief von) 202
- - - Geißler, Günter: (Brief von) 314
- - - Giordano, Ralph: (Brief von) 133
- - - Haas, Paul: (Brief von) 174
- - - Haas, Willy: (Brief von) 173
- - - Heidinger, Werner: (Brief von) 177
- - - Hermann, Rudolf: (Brief von) 369
- - - Hiesgen, Carl Paul: (Brief von) 203
- - - Hoppenz, Kurt: (Brief von) 76
- - - Hüttel, Klaus G.: (Brief von) 234
- - - Krüger, I.: (Brief von) 448
- - - Liebschner, W.: (Brief von) 262
- - - Losecaat von Nouhuys, Heinz: (Brief von) 447
- - - Mader, Oskar: (Brief von) 315
- - - Mann, Heinrich: (Brief von) 154
- - - Nier, Arnold: (Brief von) 263
- - - Oswald, Wolfgang: (Brief von) 264
- - - Pawlick, Albert: (Brief von) 287
- - - Pioch, Bruno: (Brief von) 233
- - - Pollatschek, Walther: (Brief von) 157
- - - Räther, Helmut: (Brief von) 180
- - - Rahneberg, F.: (Brief von) 232
- - - Reinhardt, Ludwig: (Brief von) 156
- - - Reuter, F.: (Brief von) 179
- - - Rittelmeyer: (Brief von) 287
- - - Rowohlt, Ernst: (Brief von) 685
- - - Schäfer, Erna: (Brief von) 673
- - - Schaller, Wendelin: (Brief von) 236
- - - Schaufuß, Johannes: (Brief von) 178
- - - Schlichte, Max: (Brief von) 181

– – – Schmidt: (Brief von) 183
– – – Seehof, Arthur: (Brief von) 261
– – – Strix, Heinz: (Brief von) 237
– – – Süskind, Wilhelm Emanuel: (Brief von) 91
– – – W. H. (d.i.?): (Brief von) 672
– – – Weidenmüller, Gerhard: (Brief von) 111 238
– – – Weisert, Robert: (Brief von) 184
– – – Wienskowski, Eduard: (Brief von) 500
– – – Wilden, B.: (Brief von) 132
– – – Zoozmann, B. J.: (Brief von) 317
– – – Zweig, Arnold: (Brief von) 131
– – (Briefe an) 112

– – Mitarbeiter 623
– „Tribüne der Jungen", Rubrik 542 543
– Zustellung 448

„Südamerikanische Erzähler" 706

„Tausend Gramm. Sammlung neuer deutscher Geschichten", Hamburg, Stuttgart 703
„Tribüne der Jungen", Rubrik
– s. „Ost und West", Berlin

„Unterm Notdach. Berliner Erzählungen", Berlin 667

3. Sachen und Orte

Aktivisten
– s. Betriebsaktivisten
Alltag, 1945-1948
– Berlin 126
Amerika
– s. Organisation „Fortschrittliche Bürger Amerikas"
amerikanisch
– s. Deutschland, Besatzungszone
– s. Zensur
Amerikanische Militärkommandantur des amerikanischen Berliner Sektors: (Brief an)
– Zweig, Arnold: (Brief von) 473
Angriffe
– s. Luftangriffe
antifaschistisch
– s. Widerstandskampf
Antikriegsliteratur, deutsche 640
Antisemitismus
– Deutschland, Besatzungszone, amerikanische, Offenbach 626
Arbeitskreis „Unterwegs"
– s. Bekennende Kirche Deutschlands
Arizona
– s. Kriegsgefangenenlager
Asien
– Europa 430

Aufführung
– s. Ambesser, Axel von: „Das Abgründige in Herrn Gerstenberg", Drama
– s. Brecht, Bertolt: „Furcht und Elend des Dritten Reiches", Schauspiel
– s. Brecht, Bertolt: „Mutter Courage und ihre Kinder", Schauspiel
– s. Bruckner, Ferdinand: „Simon Bolivar", Schauspiel
– s. Büchner, Georg: „Woyzeck", Drama
– s. Cocteau, Jean: „Les parents terribles", Drama
– s. Eisenstein, Sergei Miachailowitsch: „Panzerkreuzer Potemkin", Film
– s. Goethe, Johann Wolfgang: „Faust. Der Tragödie erster Teil"
– s. Goethe, Johann Wolfgang: „Stella", Drama
– s. Goethe, Johann Wolfgang: „Tasso", Drama
– s. Miller, Arthur: „Alle meine Söhne", Schauspiel
– s. Renn, Ludwig: „Mein Esel, meine Frau und die Ziege", Einakter
– s. Salacrou, Armand: „Nächte des Zorns", Schauspiel

- s. Sartre, Jean-Paul: „Die Fliegen",
  Schauspiel
- s. Sartre, Jean-Paul: „Die schmutzigen Hände", Schauspiel
- s. Sofronow, Anatoli Wladimiro-
  witsch: „Der Moskauer Charakter", Schauspiel
- s. Weisenborn, Günther: „Babel",
  Schauspiel
- s. Weisenborn, Günther: „Eulen-
  spiegel", Schauspiel
- s. Zuckmayer, Carl: „Barbara
  Blomberg", Schauspiel
Aufgaben
- s. Lehrer, deutsche
- s. Schriftsteller
- s. Universität, Prag
Aufrüstung
- s. Wiederaufrüstung
- Moral 343
Aufsatz
- s. Schoenberner, Franz
Auschwitz, KZ 429 499
Auseinandersetzung, geistige 239
Ausschuß zur Untersuchung uname-
  rikanischer Tätigkeit
- Maltz, Albert 292
- Organisation   „Fortschrittliche
  Bürger Amerikas", Konferenz, Los
  Angeles, 1947
-- Fast, Howard 293
- Presse, USA 243
Ausstellung
- s. Goethe-Ausstellung

Barcelona
- Bürgerkrieg, spanischer 8
Bedeutung
- s. Schriftstellerkongreß, deutscher,
  1., Berlin, 1947
Bedrohung
- s. Kultur
Befreiung
- geistige
-- Bourgeoisie, deutsche 423
- politische
-- Bourgeoisie, deutsche 423
Bekennende Kirche Deutschlands,
  Arbeitskreis „Unterwegs" 98
Berlin

- s. Bücherverbrennung, faschistische
- s. Deutsches Theater
- s. Haus der Sowjetkultur
- s. Kammerspiele
- s. Kapitulation
- s. „Ost und West"
- s. Schriftstellerkongreß, deutscher,
  1.
- s. Theater
- s. Theater am Schiffbauerdamm
- Alltag, 1945-1948 126
- Grimm, Jacob 517
- Grimm, Wilhelm 517
- Luftangriffe
-- Weltkrieg, zweiter 479
- Revolution, deutsche, bürgerlich-
  demokratische, 1848
-- Gefallene 138 139
-- Soldaten 141
Berlin (West)
- s. Amerikanische Militärkommandantur des amerikanischen Berliner
  Sektors
- s. Hebbel-Theater
- s. Renaissance-Theater
- s. Theater
- s. Tribüne
- Presse
-- Kultur 489
Berlin-Weißensee
- s. OdF, Kinderheim
Besatzungszone
- s. Deutschland
Besatzungszonen
- s. Deutschland
Beschlagnahme
- „Ost und West", Berlin 473
Besetzung, deutsche
- Prag, 1939 256
- Weltkrieg, zweiter 22
Besprechungen
- s. Buchbesprechungen
Bestimmung
- s. Selbstbestimmung
Betriebsaktivisten
- s. Kongreß junger Betriebsaktivi-
  sten und Schriftsteller
Bewegung
- s. Jugendbewegung

– s. Moralische Wiederaufrüstungs-Bewegung
Bezug
– „Ost und West", Berlin 317 672
Bielefeld
– s. Goethe-Ausstellung
– s. Goethe-Feier
Bochum
– s. Stadttheater
Bombay
– Indien 167
Botschaft
– s. Präsident, USA
Bourgeoisie, deutsche
– Befreiung
– – geistige 423
– – politische 423
Brandenburg
– s. Ministerium
Briefe
– s. Freiligrath, Ferdinand
Briefwechsel
– Goethe, Johann Wolfgang
– – Arnim, Bettina von 505
Brigaden, internationale
– Bürgerkrieg, spanischer 10
Buch
– s. Kriegstagebuch
Buchbesprechungen
– „Ost und West", Berlin 178
Buchhändler
– Literatur, zeitkritische 229
Buchkauf 257
Buchproduktion, deutsche, 1945-1947
– Katalog 35 76
Bücherverbrennung, faschistische, Berlin, 1933 207
Bürger
– s. Organisation „Fortschrittliche Bürger Amerikas"
Bürgerkrieg, spanischer
– s. Renn, Ludwig: „Mein Esel, meine Frau und die Ziege", Einakter, Aufführung
– Barcelona 8
– Brigaden, internationale 10
– Gefängnishaft 356
– Kriegstagebuch, 1937 268
– Kultur 9
– Mallorca 6

bürgerlich
– s. Jugendbewegung, deutsche
– s. Revolution, deutsche

China
– s. Holzschnittkunst
– kommunistisches 409
– 1920-1940
– – Lage, politische 349
chinesisch
– s. Literatur
Christen
– Marxisten 198
christlich
–ͮ s. Denken
ČSR (d.i. Tschechoslowakische Republik)
– Deutschland, Besatzungszonen 478
– Okkupation, faschistische 478
– Sudetendeutsche 41

Danksagung
– s. Schriftstellerkongreß, deutscher, 1., Berlin, 1947
DDR (d.i. Deutsche Demokratische Republik)
– Gründung, 1949 652-657
– – Sowjetunion 652
– – Volks- und Länderkammer, Tagung 654 655
Demokratie 206
– Goethe, Johann Wolfgang 594
demokratisch
– s. Deutsche Demokratische Republik
– s. Menschen
– s. Revolution, deutsche, bürgerlich-demokratische
Denken, christliches
– Marx, Karl 99
deutsch
– s. Antikriegsliteratur
– s. Besetzung
– s. Bourgeoisie
– s. Buchproduktion
– s. Einheit
– s. Emigrant
– s. Faschismus
– s. Jugend
– s. Jugendbewegung

- s. Kultur
- s. Lehrer
- s. Literatur
- s. Lyrik
- s. Propaganda
- s. Regierung
- s. Revolution
- s. Schriftsteller
- s. Schriftstellerkongreß
- s. Schriftstellerverbände
- s. Sprache
- s. Widerstandsbewegung
Deutsche
- s. Sudetendeutsche
Deutsche Demokratische Republik
- s. DDR
Deutsches Theater, Berlin
- s. Brecht, Bertolt: „Furcht und Elend des Dritten Reiches", Schauspiel, Aufführung
- s. Brecht, Bertolt: „Mutter Courage und ihre Kinder", Schauspiel, Aufführung
- s. Büchner, Georg: „Woyzeck", Drama, Aufführung
- s. Goethe, Johann Wolfgang: „Faust. Die Tragödie erster Teil", Aufführung
- s. Weisenborn, Günther: „Babel", Schauspiel, Aufführung
- Schauspielschule
-- Reinhardt, Max 52
Deutschland
- s. Bekennende Kirche
- s. Novemberrevolution
- s.a. Republik, Weimarer
- Besatzungszone, amerikanische
-- Offenbach
--- Antisemitismus 626
-- Wahlen, Schwäbisch-Gmünd 625
- Besatzungszonen
-- ČSR 478
-- Markt, schwarzer 337
-- Theater 205
-- Währungsreform 265
-- westliche
--- Goethe-Jahr 604
--- Lebensverhältnisse 146 163 286 287 288

--- Kultur, Bedrohung 684
--- Leser
---- Literatur 683
--- Neofaschismus 460
--- Publizistik 447
--- Theaterspielpläne 217 458
--- Verlagstätigkeit 459
- Geschichte 95 134 521
- Lage
-- geistige 4
-- gesellschaftliche 204
- Mann, Heinrich 3
- Menschen, demokratische 371
- Neutralisierung 534
- 1942 545
Diskriminierung
- s. Rassendiskriminierung
Dramen, Inszenierung
- Sternheim, Carl 195
Dreißigjähriger Krieg, 1618-1648 344
Dresden
- s. Bruckner, Ferdinand: „Simon Bolivar", Schauspiel, Aufführung
- s. Theater
Düsseldorf
- s. Schauspielhaus

Eindrücke
- s. Reiseeindrücke
Einheit, deutsche
- Schriftstellerverbände, deutsche, Tagung, Frankfurt/Main, Kundgebung 157
Einkommen
- Schriftsteller 367
Emigrant, deutscher
- Heimkehr, 1948 353
Emigration
- Schriftsteller, deutsche, 1933 32 67
- USA 687
England
- s. Großbritannien
Erfahrung
- s. Geschichtserfahrung
- Menschen 474
Erlaubnis
- s. Nachdruckerlaubnis
Erlebnisse
- s. Kriegserlebnisse

Ermordung
- Eisner, Kurt 457
- Liebknecht, Karl 429 499
- Luxemburg, Rosa 429 499
Essays, politische
- Mann, Thomas 596
Europa
- Asien 430
Exemplare
- s. Rezensionsexemplare
Existentialismus
- Frankreich
-- Sartre, Jean-Paul 147 148 261
   315

Faschismus
- s. Neofaschismus
- deutscher
-- Frauengefängnis
--- Schäfer, Irene, Theatergastspiel
    436
-- Republik, Weimarer 429 499
-- Schriftsteller, deutsche 66
-- Widerstandsbewegung, deutsche
   271
-- Widerstandskampf, antifaschisti-
   scher 323
- italienischer
-- Pomarici, Mario 321
faschistisch
- s. Bücherverbrennung
- s. Okkupation
- s. Propaganda, deutsche
Feier
- s. Hussitenfeldzug
Film
s. Eisenstein, Sergei Michailowitsch:
   „Panzerkreuzer Potemkin"
Filmzensur
- s. Republik, Weimarer
Finnland
- Theater 559
Folgen
- s. Kriegsfolgen
Formen
- s. Regierungsformen
„Fortschrittliche Bürger Amerikas"
- s. Organisation „Fortschrittliche
   Bürger Amerikas"
Frankfurt/Main

- s. Nationalversammlung
- s. Schriftstellerverbände, deutsche,
   Tagung
- s. Theater
Frankreich
- Existentialismus
-- Sartre, Jean-Paul 147 148 261 315
- Geschichte 565
- Kirche
-- Staat 628
französisch
- s. Literatur
- s. Revolution
Frauengefängnis
- s. Faschismus, deutscher
Freiheit 135 158
- s. Vorurteilsfreiheit
Frieden
- s. Weltfrieden
- Krieg 393 607
Friedenskampf
- Intellektuelle, USA 608
Friedenspropaganda 237

Gang
- s. Werdegang
Gastspiel
- s. Theatergastspiel
Gefängnis
- s. Frauengefängnis
Gefängnishaft
- Bürgerkrieg, spanischer 356
Gefallene
- Revolution, deutsche, bürgerlich-
   demokratische, 1848
-- Berlin 138 139
Gefangenenlager
- s. Kriegsgefangenenlager
geistig
- s. Auseinandersetzung
- s. Befreiung
- s. Lage
- s. Situation
- s. Verpflichtung
Geschichte
- Deutschland 95 134 521
- Frankreich 565
Geschichtserfahrung 290
Gesellschaft
- Individuum 23

gesellschaftlich
- s. Lage
- s. Verantwortung
Görlitz
- s. Theater
Goethe-Ausstellung, Bielefeld 604
Goethe-Feier, Bielefeld 604
Goethe-Jahr
- Deutschland, Besatzungszonen, westliche 604
Griechenland
- Partisanen 437
Großbritannien
- Reiseeindrücke 193
Gründung
- s. DDR

Händler
- s. Buchhändler
Haft
- s. Gefängnishaft
Hamburg
- s. Rowohlt Verlag
Handschriften
- s. Weerth, Georg
Haus der Sowjetkultur
- s. Sofronow, Anatoli Wladimiro-witsch: „Der Moskauer Charak-ter", Schauspiel, Aufführung
Hebbel-Theater, Berlin (West)
- s. Ambesser, Axel von: „Das Ab-gründige in Herrn Gerstenberg", Drama, Aufführung
- s. Sartre, Jean-Paul: „Die Fliegen", Schauspiel, Aufführung
- s. Weisenborn, Günther: „Eulen-spiegel", Schauspiel, Aufführung
- s. Zuckmayer, Carl: „Barbara Blomberg", Schauspiel, Aufführung
Heim
- s. Kinderheim
Heimkehr, 1948
- Emigrant, deutscher 353
historisch
- s. Roman
Holland
- Lage, politische 355
Holzschnittkunst, China
- Kollwitz, Käthe 406

Humanismus 94
Hussitenfeldzug 491

Indien
- Bombay 167
Individuum
- Gesellschaft 23
Institut
- s. Marx-Engels-Lenin-Institut
Inszenierung
- s. Dramen
Intellektuelle, USA
- Friedenskampf 608
international
- s. Brigaden
- s. Weltlage
Italien
- Lage, kulturelle 526
italienisch
- s. Faschismus

Jahr
- s. Goethe-Jahr
japanisch
- s. Literatur
- s. Verlagswesen
Jugend, deutsche
- Situation, geistige 152 153 236
Jugendbewegung, deutsche, bürgerli-che 53
Jugendliche, deutsche, nach 1945, Pas-sivität 132
jung
- s. Kongreß junger Betriebsaktivi-sten und Schriftsteller
- s. Literatur, deutsche
- s. Lyrik, deutsche

Kameradschaft
- Kriegsgefangenenlager 284
Kammer
- s. Länderkammer
- s. Volkskammer
Kammerspiele, Berlin
- s. Goethe, Johann Wolfgang: „Stel-la", Drama, Aufführung
Kampf
- s. Friedenskampf
Kapitulation, Berlin, 1945
- Weltkrieg, zweiter 308 368

Katalog
- Buchproduktion, deutsche, 1945-
  1947 35 76
Kauf
- s. Buchkauf
Kinderheim
- s. OdF
Kirche
- s. Bekennende Kirche
- s. Paulskirche
- Staat
-- Frankreich 628
kirgisisch
- s. Literatur
Köln
- s. Schauspielhaus
Kommandantur
- s. Militärkommandantur
Kommunismus 143
kommunistisch
- s. China
Kommunistische Partei, USA, Prozeß
  658
Konferenz
- s. Organisation „Fortschrittliche
  Bürger Amerikas"
Kongreß
- s. Schriftstellerkongreß
- s. Slawen-Kongreß
- s. Weltfriedenskongreß
Kongreß junger Betriebsaktivisten
  und Schriftsteller, Leipzig, 1949
  401
Konzentrationslager
- s. KZ
Kooperation
- Wettrüstung 291
Kreis
- s. Arbeitskreis
Krieg 502 522
- s. Dreißigjähriger Krieg, 1618-1648
- s. Weltkrieg
- Frieden 393 607
Kriegserlebnisse
- Weltkrieg
-- erster 169 372
-- zweiter 435
Kriegsfolgen
- Weltkrieg, erster 87
Kriegsgefangenenlager

- Arizona, USA
-- Plugk-Harttung, von 129
- Kameradschaft 284
- sowjetisches, Veranstaltungen 285
Kriegsliteratur
- s. Antikriegsliteratur
Kriegspsychose
- Weltkrieg, erster 295
Kriegstagebuch, 1937
- Bürgerkrieg, spanischer 268
Kritiker 396
Kultur
- Bedrohung
-- Deutschland, Besatzungszonen,
  westliche 684
- Bürgerkrieg, spanischer 9
- deutsche 489
- Presse
-- Berlin (West) 489
kulturell
- s. Lage
Kulturschaffende
- s. Weltfriedenskongreß der Kultur-
  schaffenden
Kundgebung
- s. Schriftstellerverbände, deutsche,
  Tagung, Frankfurt/Main
Kunst
- s. Holzschnittkunst
KZ (d.i. Konzentrationslager)
- s. Auschwitz

Länderkammer
- s. Volks- und Länderkammer
Lage
- s. Weltlage
- geistige
-- Deutschland 4
- gesellschaftliche
-- Deutschland 204
- kulturelle
-- Italien 526
- politische
-- China, 1920-1940 349
-- Holland 355
-- New York, 1945 686
-- USA 190 329 345
Lager
- s. Konzentrationslager
- s. Kriegsgefangenenlager

Lebensverhältnisse
- Deutschland, Besatzungszonen, westliche 146 163 286 287 288
Lehrer, deutsche, Aufgaben 54
Leipzig
- s. Kongreß junger Betriebsaktivisten und Schriftsteller
- s. Theater
Leser
- Literatur
-- Deutschland, Besatzungszonen, westliche 683
Lesermeinung
- „Ost und West", Berlin 112 133 155 156 175 177 181 182 184 232 233 234 262 263 264 369 649 650 670 671
Leserwünsche
- „Ost und West", Berlin 235 236
Lieder
- s. Negerlieder
Literatur 550
- s. Antikriegsliteratur
- chinesische 449 452 482
- deutsche
-- junge 74 75
-- 18. Jahrhundert
--- Lessing, Gotthold Ephraim 426
- französische
-- Roman 303
- japanische
-- Zensur, amerikanische 346
- kirgisische 300
- Leser
-- Deutschland, Besatzungszonen, westliche 683
- österreichische 434
- Presse 223
- Revolution, deutsche, bürgerlich-demokratische, 1848 312
- zeitkritische
-- Buchhändler 229
Los Angeles
- s. Organisation „Fortschrittliche Bürger Amerikas", Konferenz
Luftangriffe
- s. Berlin
Lyrik, deutsche, junge 111 174 238

Mallorca
- Bernanos, Georges 21

- Bürgerkrieg, spanischer 6
Marginalien
- „Ost und West", Berlin 92 93
Markt, schwarzer
- Deutschland, Besatzungszonen 337
Marx-Engels-Lenin-Institut, Moskau
- Weerth, Georg, Handschriften 476
Marxismus
- Philosophie
-- Universität 664
Marxisten
- Christen 198
Maske
- s. Totenmaske
Meinung
- s. Lesermeinung
Menschen
- demokratische
-- Deutschland 371
- Erfahrung 474
Menschlichkeit 159
Militärkommandantur
- s. Amerikanische Militärkommandantur des amerikanischen Berliner Sektors
Ministerium, Brandenburg
- Steuern 142
Mitarbeiter
- „Ost und West", Berlin, Redaktion 623
Moral
- Aufrüstung 343
Moralische Wiederaufrüstungs-Bewegung (MRA), Weltzusammenkunft, 10., USA 347
Moskau
- s. Marx-Engels-Lenin-Institut
- s. Schriftsteller, sowjetische, Zusammenkunft
MRA
- s. Moralische Wiederaufrüstungs-Bewegung
München
- s. Räterepublik
- 1846-1848
-- Montez, Lola 162
Münchener Abkommen, 1938 36 39 318 320
- Vorgeschichte 41
Musik, russische 127

Nachdruckerlaubnis
- s. „Ost und West", Berlin
national
- s. Selbstbestimmung
Nationalversammlung
- Frankfurt/Main, 1848 140
- Verfassung
-- Studenten 118
Nazareth
- s. Jesus von Nazareth
Negerlieder, USA 191
Neofaschismus
- Deutschland,   Besatzungszonen,
westliche 460
Neutralisierung
- Deutschland 534
New York
- s. Weltfriedenskongreß der Kultur-
schaffenden
- 1945
-- Lage, politische 686
Niederlage
- s. Revolution, deutsche, bürger-
lich-demokratische, 1848
Niederlande
- s. Holland
Novemberrevolution,   Deutschland,
1918 77 80 370

Oberste Zensurverwaltung, St. Petersburg: (Brief an)
- Puschkin,   Alexander   Sergejewitsch: (Brief von) 551
OdF (d.i. Opfer des Faschismus),
Kinderheim,   Berlin-Weißensee
582
österreichisch
- s. Literatur
Offenbach
- s. Deutschland, Besatzungszone,
amerikanische
Okkupation, faschistische
- ČSR 478
Oktoberrevolution, Rußland, 1917
77 81
Opfer des Faschismus
- s. OdF
Organisation „Fortschrittliche Bürger Amerikas", Konferenz, Los
Angeles, 1947

- Ausschuß zur Untersuchung unamerikanischer Tätigkeit
-- Fast, Howard 293
Oświęcim
- s. Auschwitz

Partei
- s. Kommunistische Partei
Partisanen
- Griechenland 437
Passivität
- s. Jugendliche, deutsche, nach 1945
Philosophie
- Universität
-- Marxismus 664
Pläne
- s. Theaterspielpläne
Politik
- Verpflichtung, geistige 612
- Weltkrieg, erster
-- Wilson, Thomas Woodrow 334
politisch
- s. Befreiung
- s. Essays
- s. Lage
- s. Zensur
Präsident, USA, Botschaft, 1933 188
Prag
- s. Universität
- 1939
-- Besetzung, deutsche 256
Presse
- Kultur
-- Berlin (West) 489
- Literatur 223
- USA
-- Ausschuß   zur   Untersuchung
unamerikanischer Tätigkeit 243
Probleme
- s. Schaffensprobleme
Produktion
- s. Buchproduktion
Propaganda
- s. Friedenspropaganda
- deutsche, faschistische
-- Weltkrieg, zweiter 61
Prozeß
- s. Kommunistische Partei, USA
Psychose
- s. Kriegspsychose

Publizistik
- Deutschland, Besatzungszonen westliche 447

Räterepublik, München, 1918-1919 19
Rassendiskriminierung, USA 511
Redaktion
- s. „Ost und West", Berlin
Reform
- s. Währungsreform
Regierung, deutsche, 1918 374
Regierungsformen 266
Reiseeindrücke
- Großbritannien 193
Religion 641
Renaissance-Theater, Berlin (West)
- s. Sartre, Jean-Paul: „Die schmutzigen Hände", Schauspiel, Aufführung
Republik
- s. DDR
- s. Räterepublik
- deutsche
-- Revolution, deutsche, bürgerlichdemokratische, 1848 119
- Weimarer 80 376
-- Filmzensur
--- Eisenstein, Sergei Michailowitsch: „Panzerkreuzer Potemkin", Film, Aufführung, Berlin, 1926 171
-- Faschismus, deutscher 429 499
-- Hitler, Adolf 145
Revolution
- s. Novemberrevolution
- s. Oktoberrevolution
- deutsche, bürgerlich-demokratische, 1848 113 115 144
-- Berlin
--- Gefallene 138 139
--- Soldaten 141
-- Literatur 312
-- Niederlage 427
-- Republik, deutsche 119
- französische, 1789-1799 267
-- s. Landauer, Gustav
Rezensionsexemplare
- Rowohlt Verlag, Hamburg 685
Roman
- historischer

-- Feuchtwanger, Lion 547
- Literatur, französische 303
Rowohlt Verlag, Hamburg
- Rezensionsexemplare 685
Royal Society: (Brief an)
- Einstein, Albert: (Brief von) 475
Rüstung
- s. Aufrüstung
- s. Wettrüstung
russisch
- s. Musik
Rußland
- s. Oktoberrevolution

Sankt Petersburg
- s. Oberste Zensurverwaltung
Schaffensprobleme
- Schriftsteller 401
Schauspielhaus
- Düsseldorf
-- s. Goethe, Johann Wolfgang: „Faust. Der Tragödie erster Teil", Aufführung
- Köln
-- s. Goethe, Johann Wolfgang: „Faust. Der Tragödie erster Teil", Aufführung
Schauspielschule
- s. Deutsches Theater, Berlin
Schreiber 403
Schriften
- s. Handschriften
- s. Lukács, Georg
Schriftsteller
- s. Kongreß junger Betriebsaktivisten und Schriftsteller
- s.a. Schreiber
- Aufgaben 186
- deutsche
-- Faschismus, deutscher 66
-- Verantwortung, gesellschaftliche 65 68
-- 1933
--- Emigration 32 67
- Einkommen 367
- Schaffensprobleme 401
- sowjetische, Zusammenkunft, Moskau 530
- Werdegang 125

Schriftstellerkongreß, deutscher, 1.,
   Berlin, 1947 56 58 63 64 65 66
   67 68 572
– Bedeutung 90
– Danksagung 69 91
Schriftstellerverbände, deutsche, Ta-
   gung, Frankfurt/Main, Kundgebung
– Einheit, deutsche 157
Schule
– s. Schauspielschule
Schwäbisch-Gmünd
– s. Wahlen
schwarz
– s. Markt
Sektor
– s. Amerikanische Militärkomman-
   dantur des amerikanischen Berliner
   Sektors
Selbstbestimmung, nationale
– Stalin, Josef Wissarionowitsch 675
Situation, geistige
– Jugend, deutsche 152 153 236
Slawen-Kongreß, USA
– Krzycki, Leo 531
slowakisch
– s. ČSR
Society
– s. Royal Society
Soldaten
– Revolution, deutsche, bürgerlich-
   demokratische, 1848
– – Berlin 141
sowjetisch
– s. Kriegsgefangenenlager
– s. Schriftsteller
Sowjetunion
– DDR, Gründung 652
spanisch
– s. Bürgerkrieg
Spielpläne
– s. Theaterspielpläne
Spielzeit
– s. Theater, Berlin
– s. Theater, Berlin (West)
Sprache
– deutsche 557
– tschechische 42
Staat
– Kirche
– – Frankreich 628

Stadttheater, Bochum
– s. Goethe, Johann Wolfgang: „Tas-
   so", Drama, Aufführung
Steuern
– Ministerium, Brandenburg 142
Studenten
– Nationalversammlung, Frank-
   furt/Main, 1848
– – Verfassung 118
Sudetendeutsche
– ČSR 41

Tätigkeit
– s. Ausschuß zur Untersuchung
   unamerikanischer Tätigkeit
– s. Verlagstätigkeit
Tagebuch
– s. Kriegstagebuch
Tagung
– s. Schriftstellerverbände, deutsche
– s. Volks- und Länderkammer
Theater
– s. Deutsches Theater
– s. Hebbel-Theater
– s. Renaissance-Theater
– s. Stadttheater
– s. Tribüne
– Berlin
– – Spielzeit 1948-1949 603
– – 1945-1948 211
– – 1948 210 213 214 215
– Berlin (West)
– – Spielzeit 1948-1949 603
– – 1945-1948 211
– – 1948 210 213 214 215
– Deutschland, Besatzungszonen 205
– – westliche 217
– Dresden 354
– – 1947-1948 216
– Finnland 559
– Frankfurt/Main, 1945-1948 217
– Görlitz, 1947-1948 216
– Leipzig, 1947-1948 216
Theater am Schiffbauerdamm, Berlin
– s. Miller, Arthur: „Alle meine Söhne", Schauspiel, Aufführung
– s. Salacrou, Armand: „Nächte des
   Zorns", Schauspiel, Aufführung
Theatergastspiel
– s. Schäfer, Irene

Theaterspielpläne
- Deutschland, Besatzungszonen, westliche 217 458
Totenmaske
- Lessing, Gotthold Ephraim 425
Tribüne, Berlin (West)
- s. Cocteau, Jean: „Les parents terribles", Drama, Aufführung
tschechisch
- s. Sprache
Tschechoslowakische Republik
- s. ČSR

UdSSR
- s. Sowjetunion
unamerikanisch
- s. Ausschuß zur Untersuchung unamerikanischer Tätigkeit
United States of America
- s. USA
Universität
- Marxismus
-- Philosophie 664
- Prag, Aufgaben 299
Untersuchung
- s. Ausschuß zur Untersuchung unamerikanischer Tätigkeit
„Unterwegs"
- s. Bekennende Kirche Deutschlands, Arbeitskreis
USA (d.i. United States of America) 185
- s. Emigration
- s. Intellektuelle
- s. Kommunistische Partei
- s. Kriegsgefangenenlager, Arizona
- s. Moralische Wiederaufrüstungs-Bewegung (MRA), Weltzusammenkunft, 10.
- s. Negerlieder
- s. New York
- s. Präsident
- s. Presse
- s. Rassendiskriminierung
- s. Slawen-Kongreß
- Lage, politische 190 329 345

Veranstaltungen
- s. Kriegsgefangenenlager, sowjetisches

Verantwortung, gesellschaftliche
- Schriftsteller, deutsche 65 68
Verbände
- s. Schriftstellerverbände
Verbrennung
- s. Bücherverbrennung
Verfassung
- Nationalversammlung, Frankfurt/Main, 1848
-- Studenten 118
Verhältnisse
- s. Lebensverhältnisse
Verlag
- s. Rowohlt Verlag, Hamburg
Verlagstätigkeit
- Deutschland, Besatzungszonen, westliche 459
Verlagswesen, japanisches 346
Verpflichtung, geistige
- Politik 612
Versammlung
- s. Nationalversammlung
Vertrag
- s. Münchener Abkommen
Verwaltung
- s. Zensurverwaltung
Volks- und Länderkammer, Tagung
- DDR, Gründung, 1949 654 655
Vorgeschichte
- s. Münchener Abkommen
Vorurteilsfreiheit 59

Währungsreform
- Deutschland, Besatzungszonen 265
Wahlen, Schwäbisch-Gmünd
- Deutschland, Besatzungszone, amerikanische 625
Weihnachten 402
Weimar
- s. Republik, Weimarer
Weißensee
- s. Berlin-Weißensee
Weltfrieden 78
Weltfriedenskongreß der Kulturschaffenden, New York, 1949 503 516 566
Weltkrieg
- erster
-- s. Politik

– – Kriegserlebnisse 169 372
– – Kriegsfolgen 87
– – Kriegspsychose 295
– zweiter
– – Berlin, Luftangriffe 479
– – Besetzung, deutsche 22
– – Kapitulation, Berlin, 1945 308
  368
– – Kriegserlebnisse 435
– – Propaganda, deutsche, faschisti-
  sche 61
Weltlage, internationale 439 483
– 1929 475
Weltzusammenkunft
– s. Moralische Wiederaufrüstungs-
  Bewegung (MRA)
Werdegang
– Schriftsteller 125
westlich
– s. Deutschland, Besatzungszonen
Wettrüstung
– Kooperation 291
Widerstandsbewegung, deutsche
– Faschismus, deutscher 271
Widerstandskampf, antifaschistischer
– Faschismus, deutscher 323

Wiederaufrüstungs-Bewegung
– s. Moralische Wiederaufrüstungs-
  Bewegung

Zensur
– amerikanische
– – Literatur, japanische 346
– politische
– – Goethe, Johann Wolfgang:
  „Faust. Der Tragödie erster Teil",
  Aufführung, Schauspielhaus,
  Köln 209
Zensurverwaltung
– s. Oberste Zensurverwaltung
Zivilisation 23
Zone
– s. Deutschland, Besatzungszone
Zusammenkunft
– s. Schriftsteller, sowjetische
– s. Weltzusammenkunft
Zustellung
– „Ost und West", Berlin 448

4. Formschlagwörter

(Aphorismen) 105 322 661

(Epigramm)
– Sokrates 598

(Faksimile)
– Einstein, Albert 475
– Freiligrath, Ferdinand 114
– Gorki, Maxim 159
– Huch, Ricarda 64 572
– Mann, Heinrich 37

(Gedicht)
– Beethoven, Ludwig van 595
– Bolivar y Ponte, Simon 410
– Chopin, Frédéric 627
– Garcia Lorca, Federico 166 410
– Goethe, Johann Wolfgang 595
– Liebknecht, Karl 428
– Luxemburg, Rosa 428
– Revueltas, Silvestre 410

(Holzschnitt) 407 408

(Nachruf)
– Kerr, Alfred 395
– Orozco, José Clemente 666

(Prosa)
– Archimedes 294
– List, Friedrich 161
– Paine, Thomas 331
– Voltaire 304

(Totenmaske)
– Lessing, Gotthold Ephraim 424

(Zeichnung) 225-227 240 244 251 254
  269 270 276 277 297 301 302 305
  306 324 332 333 350 351 373 391
  413 414 450

Rubrikenregister

Die Berliner Bühnen 1948 210-215
Blick ins Theater des deutschen Ostens 216

Chinesische Gedichte 574-575

Existentialismus 147-148

Finnische Gedichte 218-220
Das Freie Buch 89 109 130 172 199 230 258 281-283 310-312 338-341 362-366 400 419-421 442-444 467-470 493-496 518-519 537-538 560-561 585-586 605-606 618-622 644-647 667-668 693-710

Die Gründung der Deutschen Demokratischen Republik 652-657

Die letzten Briefe an Ost und West 712-714

Marginalien 34-35 54-57 73-74 90-91 108 129 152-153 171 197-198 229 256-257 279-280 308-309 337 360-361 398-399 417 439-441 466 489-492 557 582-583 603-604 616-617 641-642 666
Marginalien. Zeitdokumente 516-517 534-536 691-692

Neuerscheinungen 259 313 648 669 711
Neuerscheinungen. Sichtung vorbehalten 231 418 445 471 498 520 541 562 587

Ost- und West-Leser schreiben 75-76 92-93 111-112 131-133 154-157 173-184 202-204 232-238 261-264 314-317 368-369 447-448 499-500 542-543 649-650 670-673

Russische Lyrik 377-388

Sichtung der Neuerscheinungen 110 200
Die Szene 558-559 584 643

Theater gestern und heute 208-209
Theaterdilemma im deutschen Westen 217
Tribüne der Jungen 284-287 342 367 401 422 446 472 497 539-540 563-564 588 600-602 613-615 637-640 665 688-690
Tribüne junger Autoren 201 260
Tschechische Lyrik 43-49

Vom ersten deutschen Schriftstellerkongreß 63-69
Vor hundert Jahren 114 135 138-143

Die westdeutsche Kulturkrise 683-685

Zu unseren Beiträgen 113 134 158 185 205 239

Hinweise für den Benutzer

Literarische Zeitschriften der Vergangenheit verdienen in zumindest zweifacher Hinsicht Interesse: als publizistische Unternehmungen mit bestimmten Zielen und Wirkungen, mit mehr oder weniger stabilem Mitarbeiterkreis und spezifischem Publikum, mit Profil und Geschichte – sowie als Zusammenfassungen einzelner Beiträge unterschiedlicher Herkunft, Art und Thematik, als Sammlungen, die literarische Produktionen, nicht selten Erstdrucke, sowie literaturkritische Abhandlungen aller Art enthalten. Die seit dem Ausgang des 19. Jahrhunderts nach Zahl und Umfang erheblich wachsenden literarischen Zeitschriften sind jedoch nach wie vor nur unzulänglich erschlossen. Allein der Umstand, daß sie immer wieder neu nach Beiträgen bestimmter Autoren sowie nach Beiträgen bestimmter Thematik durchsucht werden, legt den Gedanken nahe, diese Durchsicht im Sinne gesellschaftlicher Arbeitsteilung für alle künftigen Interessenten, d.h. im Hinblick auf möglichst alle Fragestellungen, zu leisten bzw. zu erleichtern.
Mit den „Analytischen Bibliographien deutschsprachiger literarischer Zeitschriften" wird deshalb der Versuch unternommen, sozialistische und bürgerlich-humanistische Zeitschriften des 20. Jahrhunderts mit *bibliographischen* Mitteln vollständig, detailliert und nach der „natürlichen" Abfolge ihrer Beiträge zu reproduzieren sowie durch ein System von Registern zu erschließen. Diese mit Vorworten, Tabellen und Verzeichnissen versehenen Bibliographien können zwar die originalen Zeitschriften bzw. Nachdrucke nicht ersetzen, wohl aber wirkungsvoll ergänzen. Sie bieten schnelle und genaue Informationen über die jeweiligen Zeitschriften und alle ihre Beiträge. Sie ermöglichen u.a. eine präzise Bestellung bzw. eine rationelle Benutzung der Zeitschriftenoriginale und -reprints. Nach Veröffentlichung einer größeren Anzahl von Bibliographien werden kumulierende Register erscheinen, mit denen der literaturwissenschaftlichen Forschung ein Informationsmittel für ein jetzt noch schwer überschaubares Gebiet in die Hand gegeben wird.

Zum Titelverzeichnis

Die vorliegenden Bibliographien beschränken sich nicht darauf, beschreibende Angaben über den Inhalt der Zeitschriften zu machen oder, in Art eines Repertoriums, Mitarbeiterlisten zu bieten. Im Titelverzeichnis, dem Kern jeder dieser Bibliographien, werden vielmehr sämtliche Beiträge der jeweiligen Zeitschrift aufgeführt, und zwar nicht in einer auf ‚fremden' Ordnungsprinzipien beruhenden Abfolge, sondern nach ihrer Stellung im realen Kontext der Zeitschrift. Diese wird also im Titelverzeichnis vom ersten bis zum letzten Beitrag – Heft für Heft und Jahrgang für Jahrgang – bibliographisch abgebildet. Das so beschaffene Titelverzeichnis kann gleichsam wie die von ihm wiedergegebene Zeitschrift ‚gelesen' werden. Das gewählte Verfahren erlaubt es, den Inhalt voluminöser Bände auf wenigen Seiten mit den Mitteln bibliographischer Abstraktion zu komprimieren und die ‚Komposition' jedes Heftes, den Charakter

jedes Jahrgangs, die Entwicklung der gesamten Zeitschrift anschaulich vorzuführen.

Anlage

Bei der Verzeichnung der einzelnen Beiträge der Zeitschrift im Titelverzeichnis werden drei Spalten verwendet:

- Jeder registerwürdige Teil der Zeitschrift wird mit einer laufenden Nummer (Bibliographienummer) verzeichnet, die in der ersten, linken Spalte erscheint. Inhaltsverzeichnisse, Werbung u.a. für die Erschließung unwichtige Teile der Zeitschrift werden zwar im Titelverzeichnis genannt, erhalten jedoch keine Bibliographienummer und werden demzufolge in den Registern übergangen. Auch Abbildungen aller Art, die unmittelbar auf einen Textbeitrag bezogen sind (z.B. Illustrationen), erhalten keine eigene Bibliographienummer; die betreffenden Angaben werden im Rahmen der Titelaufnahme des jeweiligen Textbeitrages gemacht. Die Numerierung durchläuft alle Hefte und Jahrgänge der Zeitschrift.
- In der zweiten Spalte des Titelverzeichnisses, rechts von den Bibliographienummern, werden die Seitenzahlen der verzeichneten Beiträge genannt. Auch für die nicht registerwürdigen Teile der Zeitschrift wird die Paginierung angegeben. Die in der Vorlage nicht mitgezählten Umschlagseiten werden mit römischen Ziffern (I-IV) bezeichnet, nicht in die Paginierung einbezogene Seiten im Innern des Zeitschriftenheftes mit in eckige Klammern gesetzten arabischen Ziffern.
- In der dritten, rechten Spalte des Titelverzeichnisses erfolgt die Titelaufnahme der einzelnen Beiträge. Hier werden auch die Titel der nicht registerwürdigen Teile der Zeitschrift genannt. Die Titel aller Rubriken werden, in Verbindung mit den Bibliographienummern jener Beiträge, die in ihrem Rahmen erschienen sind, ebenfalls in dieser Spalte wiedergegeben.

Klammern

Bei der Titelaufnahme werden Klammern verschiedener Art verwendet.
- Ohne Klammern werden aufgeführt wörtlich Entnommenes aus dem Kopftitel der Vorlage, die Verfasserangabe (auch wenn sie am Schluß des Beitrages steht) sowie wiedergegebene Zwischentitel.
- Einfache Winkelklammern treten an die Stelle aller aus dem Kopftitel der Vorlage übernommenen Klammern.
- In doppelten Winkelklammern stehen Textanfänge sachtitelloser poetischer Beiträge (Gedichtanfänge u.a.).
- In runde Klammern gesetzt wird wörtlich Entnommenes aus den Fußnoten, aus dem Kopftitel folgenden redaktionellen Texten, aus redaktionellen Angaben am Schluß des Beitrages sowie aus anderen Teilen des Heftes bzw. aus anderen Heften der jeweiligen Zeitschrift.
- In eckigen Klammern stehen Angaben, die der Bibliograph anderen Quellen bzw. dem Inhalt des verzeichneten Beitrages entnommen hat.

Titelaufnahme

Bei der Titelaufnahme der einzelnen Beiträge werden folgende Regeln beachtet:
- In der Regel werden die Angaben in der Schreibung der Vorlage wiedergegeben. Diakritische und Interpunktionszeichen, Anführungen und andere kleinere, zumeist typographisch bedingte Besonderheiten der Schreibung (z.B. ss statt ß, Diphtong statt Umlaut) werden stillschweigend korrigiert bzw. ergänzt. Fremdsprachige Namen werden vorlagegemäß angesetzt, die im Deutschen gebräuchlichen Formen hinzugefügt.
- Die Titelaufnahme beginnt zumeist mit der Verfasserangabe. Bei musikalischen, bildnerischen u.a. Werken gilt der schaffende Künstler als Verfasser. Pseudonyme und Abkürzungen werden wie Autorennamen behandelt, jedoch nach Möglichkeit entschlüsselt. Das trifft auch zu, wenn die Vorlage den Verfassernamen in einer vom Regulären abweichenden Schreibweise bietet. Bei Autoren, die nur oder vorwiegend unter angenommenem Namen schrieben, wird dieser als regulärer aufgefaßt. Abkürzungen der Autorennamen werden in der Abfolge der Vorlage, also ohne Inversion, wiedergegeben. Bei Kollektiva tritt die Körperschaftsbezeichnung an die Stelle des Autorennamens.
- Der Sachtitel wird vollständig, einschließlich des Untertitels, wiedergegeben. Aussagearme Titel, die den Sachinhalt bzw. die Form des Beitrages nicht oder zu wenig kennzeichnen, werden durch Sach- bzw. Formangaben in eckigen Klammern ergänzt. Sachtitel und Sachtitelergänzung zusammen enthalten alle Informationen, die für die Schlagwortvergabe verwendet werden. Bei titellosen Rezensionen übernehmen die am Kopf des Beitrages stehenden bibliographischen Angaben zum rezensierten Buch die Funktion des Sachtitels. Die Form des Beitrages wird angegeben, wenn es sich um poetische bzw. künstlerische Werke handelt, sowie für Beiträge spezieller Genres (z.B. Brief, Bibliographie). Bei anonymen Beiträgen, für die die Vorlage keine Autorenchiffre nennt, beginnt die Titelaufnahme mit dem Sachtitel.
- Auch Urheber zweiten Grades, d.h. die als Übersetzer, Illustratoren, Herausgeber u.a. an einem Beitrag beteiligten Personen, werden genannt.
- Beigabenvermerke der Vorlage werden übernommen; sonst wird auf Beigaben (Karten, Fotos) in eckigen Klammern hingewiesen.
- Verweisungen von einem Beitrag der Zeitschrift auf einen anderen werden in der Regel mit Hilfe der Bibliographienummern gemacht.
- Zusammengehörige und unmittelbar aufeinanderfolgende poetische bzw. künstlerische Beiträge eines Urhebers und Genres werden unter *einer* Bibliographienummer verzeichnet. Dabei wird dem Obertitel der Vermerk „Enthält" in eckigen Klammern nachgestellt; ihm folgen, außerhalb der Klammern, die durch Schrägstriche voneinander getrennten Titel der einzelnen Beiträge. Analog wird verfahren, wenn ein Beitrag verschiedene betitelte Abschnitte besitzt; den Zwischentiteln geht dann der Vermerk „Enthält die Abschnitte" voran.

Zu den Registern

Alle registerwürdigen Beiträge der Zeitschrift werden mit Hilfe der Bibliographienummern durch ein System von Registern erschlossen, vor allem in bezug auf die Namen der Urheber bzw. die Sachtitel sowie hinsichtlich des Sachinhalts der Beiträge.

Die alphabetische Ordnung wird in allen Registern nach folgenden Grundsätzen hergestellt:

- Es gilt die Reihenfolge des deutschen Alphabets; i und j sind zwei verschiedene Buchstaben; ß wird wie ss behandelt. Die Umlaute ä, ö und ü werden den Diphthongen ae, oe und ue gleichgestellt, diakritische und Satzzeichen bei der alphabetischen Einordnung übergangen. Bei gleichlautenden Wörtern geht das mit kleinem Anfangsbuchstaben geschriebene voran. Ziffern werden wie zehn Zeichen behandelt, die sich, in der Abfolge 0 bis 9, an das Alphabet anschließen.
- Sachtitel werden nicht nach grammatischen Gesichtspunkten, sondern in streng alphabetischer Folge geordnet. Lediglich der bestimmte und unbestimmte Artikel, sofern er am Anfang des Sachtitels steht, wird übergangen. Mehrere Wörter eines Titels oder Schlagwortes werden nicht als ununterbrochene Buchstabenreihe aufgefaßt, auch nicht die durch Spatien getrennten Teile von Abkürzungen und Autorenchiffren. Komposita, auch die mit Bindestrich geschriebenen Doppelnamen, werden als jeweils ein Wort behandelt.

Zum Mitarbeiterregister

In diesem Register werden die Herausgeber, Patrone, Leiter und redaktionellen Mitarbeiter der Zeitschrift in alphabetischer Ordnung genannt.

Zum Autorenregister

Das vierfach gegliederte Register weist die Beiträge der Zeitschrift unter den Bezeichnungen ihrer Urheber bzw. unter ihren Sachtiteln nach. Dabei wird das Genre des Beitrages bzw. die Art der Leistung des Urhebers mit Hilfe von Großbuchstaben charakterisiert, die den auf das Titelverzeichnis verweisenden Bibliographienummern jeweils vorangestellt sind. Es bedeuten:

A	Abhandlungen aller Art	H	Herausgabe
L	Lyrik	K	Kunst (Abbildungen von
D	Dramatik		Werken der bildenden Kunst
E	Erzählende Prosa		einschließlich Illustrationen)
T	Tagebücher	F	Fotografien
B	Briefe	M	Musik (Musikalische
Ü	Übersetzungen		Werke in Notenschrift)
V	Verschiedenes (Verzeichnisse, Tabellen, Dokumente)		

Ist die Verwendung mehrerer dieser Abkürzungen unter einer Urheberbezeichnung erforderlich, so gilt obige Reihenfolge.

Die laufenden Nummern jener Beiträge, für die im Titelverzeichnis vorlagegemäß Pseudonyme, Autorenchiffren und andere Namensformen (Schreibungsvarianten) angegeben sind, erscheinen im Autorenregister, sofern der reguläre Name ermittelt werden konnte, sowohl unter diesem als auch unter der jeweiligen Namensform der Vorlage. Dabei wird einerseits jeder Namensform der reguläre Name, in runden Klammern und mit dem Vermerk d.i. = das ist, nachgestellt und andererseits der reguläre Name mit allen in der Zeitschrift auftretenden Namensformen, in runde Klammern gesetzt, ergänzt. Schreibungsvarianten, die die alphabetische Einordnung nicht beeinflussen oder lediglich die Vornamen betreffen, bleiben jedoch im Register unberücksichtigt. Bei Autoren, die nur oder vorwiegend unter angenommenem Namen schrieben, wird dieser als regulärer aufgefaßt. In diesen Fällen wird im Register dem regulären Namen der eigentliche Name in runden Klammern nachgestellt; vom eigentlichen Namen wird auf den regulären verwiesen. Bei Beiträgen jener körperschaftlichen Verfasser, für die gebräuchliche Abkürzungen existieren, erscheinen die Bibliographienummern unter der Abkürzung. Diese Abkürzungen werden in runden Klammern aufgelöst; von der ausgeschriebenen Bezeichnung wird auf die Abkürzung verwiesen.

Teil 1 des Autorenregisters verzeichnet die Beiträge unter den Namen und Pseudonymen der Urheber. Teil 2 nennt die Sachtitel aller anonymen und kollektiven Beiträge, auch jener, die mit Autorenchiffren gezeichnet sind. Die chiffrierten Beiträge werden zusätzlich im Teil 3 des Registers unter den alphabetisch geordneten Autorenchiffren nachgewiesen. Auch die von körperschaftlichen Verfassern herrührenden Beiträge werden nicht nur in Teil 2 des Registers unter ihren Sachtiteln, sondern auch in Teil 4 unter den Körperschaftsbezeichnungen aufgeführt.

Zum Schlagwortregister

Bei der Sacherschließung durch Schlagwörter werden folgende Grundregeln beachtet:
- Das Schlagwort (SW) wird verstanden als der möglichst eindeutige und knappe sprachliche Ausdruck für den Sachinhalt eines Beitrages. Bei poetischen, künstlerischen u.a. Werken, die im strengen Sinne nicht schlagwortfähig sind, wird in bestimmten Fällen die Bezeichnung der Form des Beitrages, in runde Klammern gestellt, als SW verwendet.
- Das SW wird in der Regel nach dem Prinzip des engsten Begriffes gebildet. Die Auflösung zusammengesetzter SW wird vermieden, weil sie zu undifferenzierten Anhäufungen zahlreicher bibliographischer Aufnahmen unter wenigen, begrifflich weiten SW führen würde.
- Unterschieden werden Hauptschlagwort (HSW), Nebenschlagwort (NSW) und Unterschlagwort (USW).
- Mit dem wichtigsten Namen oder Begriff eines zusammengesetzten SW wird das an erster Stelle stehende HSW gebildet. Zu ihm treten die anderen Namen und Sachbegriffe als NSW. Ein so zusammengesetztes SW erscheint im Register sowohl in seiner Grundform (d.h. mit dem HSW an erster Stelle)

als auch in seinen Spiegelformen (d.h. mit dem jeweiligen NSW an erster Stelle).

Die einem so zusammengesetzten SW zuzuweisenden Bibliographienummern werden also im Schlagwortregister an zwei oder mehreren Stellen aufgeführt, um Zahl und Umfang der Verweisungen zu begrenzen.

- Die anderen Bestandteile eines zusammengesetzten SW, die einen Namen oder Begriff lediglich näher bestimmen, gelten als USW. Sie werden den jeweiligen HSW oder NSW, in der Regel mit den Mitteln der Inversion, zugeordnet. In den Registern wird, wo es sinnvoll erscheint, vom USW auf das jeweilige HSW bzw. NSW verwiesen.

- Um eine übermäßige Komplizierung der SW zu verhindern, wird auf die Charakterisierung spezieller Beziehungen zwischen den Teilen zusammengesetzter SW (Neben- und Unterordnung, Gegensatz, Einfluß u.a.) verzichtet.

- Wird die Form, das Genre eines Beitrages bei der SW-Vergabe berücksichtigt, so tritt die Formbezeichnung in runde Klammern. Ist hingegen die betreffende Form selbst Gegenstand des Beitrages, so entfallen die Klammern.

- Rezensionen und Abhandlungen über literarische u.a. Werke werden durch SW folgender Zusammensetzung erschlossen: Zuname und Vorname des Urhebers, Werktitel (in Anführung), Genrebezeichnung. Bei Beiträgen über anonyme, kollektive und periodische Veröffentlichungen wird der Sachtitel des behandelten Werkes zum HSW, dem Erscheinungsort bzw. Genrebezeichnung als USW folgen. Ein Beitrag über eine Schrift, die mehr als einen Urheber besitzt, wird im Schlagwortregister unter den Namen aller Urheber nachgewiesen. Bei Rezensionen wird ein zusätzliches Gegenstandsschlagwort auch dann nicht vergeben, wenn sich der Rezensent selbständig zu dem Gegenstand der von ihm besprochenen Schrift äußert. Bei autobiographischen Beiträgen wird der Verfassername bei der Schlagwortbildung nicht verwendet.

- Bei der Verzeichnung von Briefen werden folgende – in runde Klammern gesetzte und den Namen der Absender bzw. Adressaten nachgestellte – Formbegriffe verwendet: Brief, Brief von, Brief an, Briefe von und an. Bei Veröffentlichungen über Briefe werden dieselben Formbegriffe verwendet; die Klammern entfallen jedoch. Für Rezensionen von Briefpublikationen werden SW mit Hilfe der bibliographischen Daten der rezensierten Veröffentlichung gebildet. Sofern auch der Gegenstand von Briefen berücksichtigt wird, geschieht dies in zusätzlichen SW.

Im Schlagwortregister werden zwei Arten von Verweisungen benutzt:
- sprachliche Verweisungen, z.B. vom Synonym auf den verwendeten Ausdruck oder von einem Personennamen auf eine adjektivische Verbindung mit ihm;
- technische Verweisungen, z.B. vom USW auf das HSW und von den nicht an erster Stelle im Wort stehenden Kompositagliedern auf die an erster Stelle stehenden oder von der Bezeichnung einer Institution auf deren Abkürzung.

Um eine Vielzahl mehrgliedriger SW im Register ökonomisch und mit großer Anschaulichkeit wiedergeben zu können, werden alle Verweisungen und alle NSW jeweils auf neuer Zeile und mit Einzug geschrieben; mit USW wird nur dann ebenso verfahren, wenn zusammengesetzte SW unmittelbar aufeinanderfolgen, die sich lediglich durch verschiedene USW voneinander unterscheiden.

Dabei werden auf jeder vertikalen Fluchtlinie die SW bzw. SW-Teile von oben nach unten alphabetisch geordnet; ein Querstrich wiederholt jeweils den gesamten auf gleicher Fluchtlinie darüberstehenden Text.

Das Schlagwortregister ist vierfach gegliedert. Teil 1 nennt Beiträge, die sich auf Personen und deren Werke beziehen. Bei der Untergliederung innerhalb eines Personennamens werden zunächst die Verweisungen aufgeführt, dann die Werke des betreffenden Autors, schließlich die zu ihm in Beziehung gesetzten übrigen Namen und Begriffe, und zwar jeweils in alphabetischer Reihenfolge.

Teil 2 des Registers nennt die alphabetisch geordneten Sachtitel anonymer, kollektiver und periodischer Veröffentlichungen, die in den Beiträgen der Zeitschrift behandelt werden. Teil 3 ist den Sachbegriffen und Ortsnamen vorbehalten. Hier erscheinen auch die Bezeichnungen von Institutionen, poetischen Figuren und Sagengestalten. Die Zahl der sprachlichen und technischen Verweisungen in diesem Teil des Schlagwortregisters ist naturgemäß besonders groß.

Den Formschlagwörtern ist der abschließende Teil 4 des Registers vorbehalten. Die Einheit des vierfach gegliederten Schlagwortregisters kommt darin zum Audruck, daß zwischen seinen Teilen verwiesen wird. Sie erwächst aber vor allem aus der Verwendung zusammengesetzter SW des engsten Begriffes und der oben beschriebenen Spiegelschlagworttechnik. Mit ihrer Hilfe erscheint z. B. ein aus Personennamen, Sach- und Formbegriffen zusammengesetztes SW in den Teilen 1, 3 und 4 des Registers.

Zum Rubrikenregister

Die in der dritten Spalte des Titelverzeichnisses angegebenen Titel von Rubriken aller Art werden, alphabetisch geordnet und mit den Bibliographienummern der jeweiligen Beiträge versehen, in einem besonderen Register aufgeführt.

Gerhard Seidel

Abkürzungen

Zur Bedeutung der in den Registern verwendeten Siglen vgl. S. 120.

ca.	circa	Nr.	Nummer
d.i.	das ist	Rez.	Rezension
dt.	deutsch	s.	siehe
H.	Heft	S.	Seite
hrsg.	herausgegeben	s.a.	siehe auch
Hrsg.	Herausgeber	u.a.	unter anderem
Jg.	Jahrgang	übers.	übersetzt
lt.	laut	vgl.	vergleiche
Nachf.	Nachfolger		

Inhalt

Vorbemerkung 5

Bibliographie der Zeitschrift „Ost und West"

Tabellen und Verzeichnisse 17
  Erscheinungsweise 17
  Verlag, Redaktion, Anzeigenverwaltung und Druck 18
  Lizenznummer 18
  Nachdruckvermerk 18
  Format 18
  Auflage 18
  Preise 18
  Gesamt-Inhaltsverzeichnisse und Register der Zeitschrift 19
  Nachdruck 19
  Literatur über die Zeitschrift 19
Titelverzeichnis 22
  1. Jahrgang. 1947 23
  2. Jahrgang. 1948 32
  3. Jahrgang. 1949 57

Register

  Mitarbeiterregister (Redaktionelle Mitarbeiter) 83
  Autorenregister 83
    1. Personen 83
    2. Anonyma und Kollektiva (Sachtitel) 90
    3. Autorenchiffren 91
    4. Körperschaften 91
  Schlagwortregister 92
    1. Personen und Werke 92
    2. Anonyma, Kollektiva, Periodica 102
    3. Sachen und Orte 103
    4. Formschlagwörter 115
  Rubrikenregister 116

Hinweise für den Benutzer 117
  Zum Titelverzeichnis 117
  Zu den Registern 120
Abkürzungen 124

101